解字说文

Jiezi Shuowen

中国历史文选研究

汝企和⊙主　编　姜海军⊙副主编

北京师范大学出版集团
BEIJING NORMAL UNIVERSITY PUBLISHING GROUP
北京师范大学出版社

图书在版编目(CIP)数据

解字说文：中国历史文选研究/汝企和主编.—北京：北京师范大学出版社，2010.3（2012.3重印）
ISBN 978-7-303-10592-2

Ⅰ.①解… Ⅱ.①汝… Ⅲ.①史籍-中国-古代-文集 Ⅳ.①K204-53

中国版本图书馆CIP数据核字(2009)第184950号

营销中心电话　010-58802181　58805532
北师大出版社高等教育分社网　http://gaojiao.bnup.com.cn
电子信箱　beishida168@126.com

出版发行：北京师范大学出版社 www.bnup.com.cn
北京新街口外大街19号
邮政编码：100875
印　　刷：北京联兴盛业印刷股份有限公司
经　　销：全国新华书店
开　　本：148 mm × 210 mm
印　　张：8.75
字　　数：175千字
版　　次：2010年3月第1版
印　　次：2012年3月第2次印刷
定　　价：25.00元

策划编辑：李雪洁　　责任编辑：李雪洁　郭　瑜
美术编辑：褚苑苑　　装帧设计：褚苑苑
责任校对：李　菡　　责任印制：李　啸

论陈垣先生对中国历史文选课的贡献（代序）
——管窥陈老的教育思想与教学特点

北京师范大学　汝企和

研讨陈老学术成就的论文已有许多篇，然对陈老在教育方面的建树，尚鲜见有专文论述。刘乃和先生曾指出："我们的陈垣老校长，从事教育工作达70年，在我校担任校长前后47年，这在我国教育史上是极少见的。他一生为医学教育、工读教育、平民教育、师范教育、大中小学教育等多方面都作出过不少贡献。不少史学界著名学者都出自他的门下，多少优秀人才都曾得到过他亲手培育和指导，他在我国教育史上写下了光辉灿烂的一页。"① 然而近年出版的多部颇为优秀的教育史专著中，均未见有论述陈老的教育成就或教育思想的专门章节，更未见有研究陈老对于中国历史文选课之贡献的文章，这不能不说是一大遗憾，同时也从侧面反映出对老校长教育成就研究甚为匮乏这一现状。本文试图通过剖析陈老创设史学名著选读和历史名著评论这两门课（以下略作"两课"）之事例，来揭

① 《纪念陈垣校长诞生110周年学术论文集》"编者的话"，北京，北京师范大学出版社，1990。

示陈老在历史教育方面的一项成果，以及他对中国历史文选课之巨大贡献，并由此管窥其部分教育思想与教学特点，以期借鉴陈老的经验，进一步深化历史文选课的教学改革。

全文分三大部分：一、创设“两课”的时代背景与陈老的主观因素；二、“两课”的内容、授课方法以及对老校长教育思想与教学特点之管窥；三、两课与陈老思想的深远影响。

一

对于“两课”产生的时代背景，刘乃和先生回忆道：“20世纪20年代初期……过去青年作文写稿都用文言文，五四运动后中等学堂也改为白话课本，社会风气为之一变。”在这种局势下，“陈垣……认为历史系今后更应有专门讲提高阅读文言文能力的课程。因此就提出设置这门新课，他起名为‘史学名著选读’。”“他还认为……历史系学生必须有目录学的知识，因此，不久他又提出设置另一门新课——‘历史名著评论’。”①

从主观方面讲，为何不是别人，而是陈老创设了“两课”呢？笔者以为至少有三点原因。其一即刘先生所指出的：“陈垣作为历史系中国古代史教师，逐渐感到青年们对读古书有了困难。”② 许多回忆文章都指出：陈老是极富责任心的教师，因此他在当时众多的中国史教师中，敏锐地感觉到历史系学生的文言文需要加强这个问题。

① 刘乃和：《历史文选课设置的回顾》，《中国历史文选教学研究》（第一辑），北京，北京师范大学出版社，1989。

② 同上。

原因之二是陈老具备深厚的国学功底。陈老5岁时就“苦读经文”，很早便以《书目答问》为向导遍览群籍[①]，13岁时，“更进而研究《四库全书总目提要》……为他后来从事史学研究和教学，打下了一个良好的基础”[②]。他从1915年开始研究《四库全书》，“前后断断续续用了十年时间”。[③] 因此到20世纪20年代初期，陈老在国学方面已有很深的造诣，从而深知掌握文言文对历史研究之重要意义；而他自己的学术奠基，就是从目录学开始的，故由他提出开设“两课”绝非偶然。

原因之三是陈老特别重视基础知识的传授，这方面例证甚多，本文仅择其二。例证之一为陈老对当时大学一年级的国文课（以下略作“大一国文”）的重视。赵守俨先生指出：在“辅仁（大学）……‘大一国文’是各系一年级学生的主课，这门基础课是由陈校长亲自主持的，自己还教了一班，并为这门课程编选了《论孟一脔》等教材。教授‘大一国文’的教师也是由陈校长自己选定的……年终考试，由陈校长亲自出题……由于老校长抓得紧……效果显著。”这段文字说明：当时身为辅仁校长的陈老，不但将“大一国文”指定为“文理各系共同的必修课程”，而且亲自主持、亲自编教材、亲自教课、亲自选定教师、亲自出考题。上述五个“亲自”及其他方面生动体现出老校长对基础知识教学的高度重视。

例证之二为陈老所撰的四种“关于基础知识的介绍和历史学基本建设的工具书”，“这就是《校勘学释例》《史讳举例》《中西回史日历》和《二十史朔闰表》”。赵先生最后还特别指

---

① 刘乃和：《学而不厌诲人不倦》，载《励耘书屋问学记》，北京，三联书店，1982。

② 陈智超：《史学家陈垣传略》，载《晋阳学刊》，1980（2）。

③ 王明泽：《陈垣事迹著作编年》，载《纪念陈垣校长诞生110周年学术论文集》，北京，北京师范大学出版社，1990。

出："这虽是历史学的一项很重要的基本建设工程，而有些学者却是不愿意作的。"

陈老正是如此重视基础知识，在教学中以身作则，从而带动师生都重视基础知识；在研究中编写"有些学者不愿意做的"工具书。两课的内容都是基础知识，由此可见，当年是陈老而不是别人创设"两课"，也是颇耐人寻味的。

二

对史学名著选读课，刘乃和先生追述了其目的、内容、注释、选篇的排序及深远影响等情况，兹将与本文关系最密切者简述如下：

第一，设置此课的目的："就是为了提高历史系学生的古文阅读能力。"现在在历史文选学界对今天开设历史文选课的目的仍有不同看法，而老校长当年的开课宗旨对这些分歧意见应是有借鉴意义的。

第二，从"本课内容"可见其选篇之原则：A. 以史学名著名篇为主；B. 选篇上限为三传；C. 对了解某一特定历史事件有助益的篇章。

第三，授课方法："他在有的学校（有条件的）开辟了实习室，在实习室里从图书馆调来必要的工具书、参考书，同学到实习室自己动手，标点、分段、注释。同学自己准备，自己查书，印象深，也能提出问题……"①

上述大部分内容，对今天的历史文选课仍具有现实意义。

---

① 刘乃和：《历史文选课设置的回顾》，《中国历史文选教学研究》（第一辑），北京，北京师范大学出版社，1989。

对历史名著评论课，杨殿珣先生的叙述涉及：

1. 教材："是由先生选定史学著述若干种，每书逐一评论；"

2. 授课方法（讲特点、讲心得、启发式等）；

3. 讲治学方法：A. 如何收集资料；B. 如何鉴别与审定资料，"实际就是资料考证问题"；C. 如何安排资料；D. 读书的路径："教师应当把自己走过的路径……一一讲授给学生……让学生自己走自己的路径"；E. "要勤于做笔记，勤于写作，但不要急于发表"；F. 戒浮夸风："当时的青年喜欢把'研究'两个字作口头禅，先生却不以为然。先生说研究工作首先要打好基础……再好好读上十年书，研究也不为迟吧？"①

"两课"的创建与授课内容等情况，反映出陈老的部分教育思想与教学特点。

其一为重视基础教育。这是老校长的一贯思想："陈老在担任辅仁大学校长的几十年中……一直非常重视学生的基础知识和基本训练。"前文所述之两则例证说明：这一思想是陈老创设"两课"的重要原因之一；而"两课"的实施，又是这一思想的突出体现。

一个人学术基础的深厚与否决定着他今后可能达到之学术水平的高下。这恰如古人所言："其本乱而未治者，否矣。"②人们常用地基与大厦之间的关系作比喻，来说明基础的重要性。事实也正是如此。

这一原理不仅适用于学术界，还适用于任何一种内涵丰富的人类活动，如武术、京剧、舞蹈、乐器演奏等，无一不强调扎扎实实的基本功训练，舍此则不可能达到高水平。

---

① 杨殿珣：《学而不厌 诲人不倦》，载《纪念陈垣校长诞生110周年学术论文集》，北京，北京师范大学出版社，1990。

② 《礼记》，《十三经注疏》，北京，中华书局，1980。

陈老重视基础教育，创立“两课”，培养出许多杰出的史学家。“早年他的学生中，有很多都认为这两个课对他们后来的研究有很大好处，主要是打的基础扎实，我就听到过他的学生方田瑜（师大）、史念海（辅大）、朱士嘉（北大）、柴德赓、余逊等著名学者和我提过他们受益不少，这都是几十年后他们说的……都认为这两门基础课还是十分重要的。”①

陈老的这一思想对今天仍有重大的现实意义。现在人们已跨入21世纪，学生面临的是“知识大爆炸”的时代，知识更新的速度超过以往任何时代，其结果必然是：传统知识—如国学—在一般大学生的知识结构中所占比重日趋减少。然而艰深的史学研究对每一位研究者学术基础的要求却绝不会因此而有丝毫的降低。所以在新世纪里，打好基础的问题比80年前就显得更为突出和重要了。

“十年树木，百年树人”，今天某些人忽视乃至削弱基础课教学的做法，短时间内很可能看不出有什么影响，然而绝大部分人在参加工作后，很难再有几年时间静下心来学习，因此在大学期间基础知识掌握得好坏，必然对绝大部分人的一生产生深远影响。正如上文所引刘先生文章中讲的：几十年后才能深刻体会出当年基础打得扎实的益处一样，打不好基础的恶果，同样也会在几十年中逐渐显现，而到那时却只能是悔之晚矣了！由此更可见陈老重视基础教育思想的深邃！

其二为重视能力的培养。这句话近年来几乎凡言教改者必言之，然能真正做到却绝非易事。而陈老在几十年前不但已具备这种思想，而且还将其成功地付诸实践，其典型事例即前所述之历史名著评论课中的“讲治学方法”。

---

① 刘乃和：《历史文选课设置的回顾》，《中国历史文选教学研究》（第一辑），北京，北京师范大学出版社，1989。

按一般人理解，历史名著评论课不过是介绍和评价史书而已，而陈老讲授的内容却远不止于此。上引杨先生的回忆中，仅关于资料者就占三条之多。历史研究的基础就是资料工作，陈老恰恰在这个问题上不遗余力地反复解说，从资料搜集到考证真伪，再到资料编排，讲授这些治学方法，就可切切实实地提高学生的研究能力。

陈老讲读书的路径，其实质则是引导学生找到适合自己走的治学门径。这更是一项提高能力的有效措施。治学门径是治学能否成功的关键之一，若只知埋头读书，而找不到正确的门径，其结果只能是事倍而功半，甚至是一事无成。

笔者认为，大学教学与中学教学的最本质区别之一即在于：中学是以传授知识为主，而大学是在传授知识的同时教会学习方法，解决本专业中难题的方法，以及其他治学方法。这点在陈老的教学中非常突出：他不但教给学生读书的方法，而且引导他们找到适合自己的读书路径和治学门径。这对于今天的教学仍是颇具启迪意义的。

其三为特别强调实践在教育中的作用。这点在陈老七十年的教学中尤为突出。在早年的医学教学中，他为了让学生对人体骨骼有生动的感性认识，就“曾带着学生到郊外乱坟堆中挖掘尸体，寻找核对骨骼，观察人体骨骼结构。”① 为了让学生学会诊病治病，他自己首先“为群众诊病”，“积累了实际诊断经验，写出心得运用到课堂教学”，从而达到“丰富提高了教课内容，增加了同学学习兴趣”的效果。② 又如创设史源学实习课，也是颇为典型的事例。该课“是以一种史学名著为底

① 刘乃和：《陈垣老师勤奋的一生》，载《励耘承学录》，北京，北京师范大学出版社，1992。

② 同上。

本，追寻其史源，考订其讹误，以练习同学的读史能力。鼓励同学自己动手查书、找材料、做文章，隔周做练习一次”。其效果亦颇显著：“经过这样的严格训练，同学进步提高很快，而且对读书、查书、考证、写作都发生了兴趣。”①

在“两课”中，建立实习室是陈老的一大发明。与历史系其他课程相比，“名著选读”课的突出特点就是实践性强，许多内容，如对古文的标点、注释等，若只是由教师在课堂上讲解，学生不亲手实践，终有隔靴搔痒之感，很难切实掌握。陈老不但发现了这个问题，而且想出了很好的解决办法，即建立实习室。通过实习，许多课堂上难以讲清的问题都可迎刃而解了。

有些事情在今天看来似乎很简单，然而在当时情况下，敢为天下先者不但需要勇气，更需要对这一事物的深刻了解。老校长若非多年钻研国学、多年潜心教学，若非一贯重视实践在教育中的重要作用，是不可能想出如此切实可行而又效果甚佳的办法的。

其四为自觉地将科研与教学紧密结合。创设“两课”本身，即是这种结合的产物——前述开设“两课”的主观原因之二、之三，皆源于老校长自身的科研：他在科研中奠定了深厚的国学功底，从而才能深切体会到掌握文言文与目录学知识对中国史研究至关重要；同样也是在他自己的学习与治学过程中，深感基础知识对于学术向高层次发展不可或缺，他才会如此重视基础课教学。

科研与教学的结合贯穿于老校长的各种教学活动中，如前述“两课”中的“讲治学方法”与“史源学实习”课的创立，

---

① 刘乃和：《陈援庵老师的教学、治学及其他》，载《纪念陈垣校长诞生110周年学术论文集》，北京，师范大学出版社，1990。

皆源于他自己科研中的心得和体会。

陈老的教学“是异乎常人的……好像授业者所要知道的，他都能随时讲授出来……从来没有见到过这样会讲授的先生。”① 达到这种教学效果的最大“秘诀”恰在于：他的教学是以其广袤而深邃的科研为基础的，因此无论在教学内容上，还是在教学方法上，他都能“异乎常人”。而这种将科研与教学紧密结合的思想与实践，无疑是我们的最佳典范。

其五为富于创新精神。“两课”的设立，既是课程设置的创新，又是教学内容的更新；而实习室的建立，更是教学方法上大胆的革新。这种精神在老校长 70 年的教育生涯中处处闪现：开设“史源学实习”课；将“大一国文”课作为“文理各系共同的必修课程”；教国文的教师“在老校长的领导下……每周聚会一次，交换学习心得”；将学生作文中的佳作在“校内开辟墙报专栏，分期张贴发表，以收观摩之效”等，他在教学的各个环节上几乎都有创新。

更为重要的是：老校长在教学中的种种创新，都是建立在深厚的科研基础之上的，因此能够经得起时间的考验——“两课”于八十余年后的今天在九州遍地硕果累累，就是最具说服力的铁证（详后）。这种具高度科学性的创新精神，在今天仍是极为宝贵的。

其六为注重思想教育。前述“勤于写作”与“戒浮夸风”即是生动例证。牟润孙先生回忆道：“先师教导学生……主要是使学生实事求是，脚踏实地用功读书。”足见今日常讲的“教书育人”，老校长也早已付诸实践了。

这点在今天仍有重大的现实意义。现在距创立“两课”之

① 史念海：《忆先师陈援庵先生》，载《纪念陈垣校长诞生 110 周年学术论文集》，北京，北京师范大学出版社，1990。

时已过了八十余载，中国社会发生了翻天覆地的变化。当今商品经济大潮对社会各个领域都有很大冲击，学校亦不能幸免，不少学生读书期间就开始经商，有些学生做学问也是急功近利，总想少耕耘，多收获。在这种形势下，学风教育就显得尤为重要了。

要想做好学问，首先就要做好人。古人常讲的“格物”、“致知”、“诚意”、“正心”、“修身”、“齐家”、“治国”、“平天下”，其本意固然是要治国平天下，然而研究学问也是同样道理：不能正心修身，总想投机取巧的人，是作不好学问的。因此，陈老这种既教书、又教做人的思想和做法，正是今天为人师者应大力发扬的。

三

老校长创设的“两课”产生了极为深远的影响。新中国成立前，“每年他自己为一二年级讲授这门课，并在师大、辅仁、燕京各大学都曾讲授”。聆听过“两课”的许多学者都感到受益匪浅（见前文）。新中国成立后，“高等师范教育会议讨论课程设置时”，“肯定了这两门课作为历史系的必修课，改名‘历史文选’和‘历史要籍介绍’”。

由于两门课被确定为必修课，因此受到各高校历史系的普遍重视。

其中中国历史文选课仅教材一项，据笔者的不完全统计，迄今就已出版了60余种。许多未出教材的历史系也已开设此课多年。老校长当年开设的这门课，而今已在全国各地结出了硕果。

60余种教材中，自1949年10月至1962年12月的13年里，仅有12种付梓；而1980年至今，29年间就出版了38部。从这些数字不难看出："文化大革命"后全国拨乱反正，人们对传统文化的价值有了正确认识，这门课随之迸发出前所未有的活力。

从教材内容上看，随着近年来历史研究视野的不断拓展，历史文选教材的选篇范围也从以经部、史部为主，扩展到经史子集四部兼收，其中史部选篇也从以正史为主而逐渐深入到史部的各门类。尽管如此，老校长当年的选篇原则之一"以名著名篇为主"，仍是所有教材的共同特点，由此亦可见陈老的选篇原则具有深刻的合理性。

此外，这种内容上的发展，恰是老校长将科研与教学紧密结合思想的生动体现——"文化大革命"后，史学界也敞开大门，吸收西方先进的史学思想，历史研究的领域从单一的政治史、阶级斗争史拓展到社会的各个层面。正是基于这一科研上的重大发展，历史文选的选篇范围随之逐渐扩大，教学内容也随着科研的深入而不断深化。

教材选篇的编排从初期按时间顺序的单一体例发展为多种体例并存的局势。教材里的辅助内容与初期相比也大大增加，如古文化常识，工具书介绍，旧注选篇，文字学、音韵学、训诂学常识及选篇等，都分别出现于一些新教材中。这些发展正是老校长创新精神发扬光大的结果。

这门课受到重视，还表现在已召开了全国性的研讨会六次，且都得到教育部领导的大力支持——像这样专门讨论一门课教学的全国性会议尚不多见。六次会议对这门课的性质、目的、任务、地位、教材编写、教学方法、教学改革、该课与相关课程的关系，等等，几乎与之相关的所有问题，都进行了畅所欲言的讨论，讨论的成果集结为五部论文集出版。老校长重视培养学生能力与注重思想教育的思想，成为贯穿五部文集的一条红线。

陈老在我校担任校长达 47 年之久，师大人继承老校长的事业是义不容辞的。历史文选课在历史系一贯受到重视：“陈垣之后，柴德赓、白寿彝、何兹全、赵光贤、尹敬坊几位老先生都教过历史文选，我也教过，李秋媛、杨燕起老师都教过或正在教。”此后这门课一直由历史文献教研室的教师承担。1994 年我系被评为历史学教学基地后，系领导特为我室开辟了实习室，内容为标点、注释、工具书、文字学等——陈老强调实践在教育中的作用的思想与实践，在这里得以继承和发展。同时我系还专为本课设立过关考试，不过关者则不授予学士学位。这项措施在几次全国历史文选教学改革研讨会上均受到同行们的好评。

1996 年我室承担了国家教委“高等人文社会科学教育面向 21 世纪教学内容和课程体系改革计划”的立项项目，于 1999 年 6 月出版了新教材，并提前完成项目。新教材从指导思想到选篇等都多有创新，是努力发扬老校长创新精神的结果。2001 年我室获北京市级教学成果一等奖；2002 年我们的《中国历史文选》获全国普通高等学校优秀教材一等奖；2008 年我们又对该教材进行了精心修订，并被批准成为北京市精品教材立项项目。

至于历史名著评论课，新中国成立后更名为“历史要籍介绍”后亦在许多院校开设，如柴德赓先生新中国成立之初就在北京师范大学讲“要籍介绍”，“若干年后他出版的《史籍举要》，即在陈老讲稿的基础上增补而成。”

在陈老历史名著评论课影响下，还产生了其他专著：“（我）讲此课时……就是依据陈老讲法。长期积累的讲稿，后来压缩成为一本《史部要籍解题》，与《廿二史札记校》都在中华书局出版了，两书中实际上都渗透着援老的思想和看法。”

足见这门课的影响是何其深远。

“援庵师是一位著名的超卓的史学家和教育家”，“称得起是一代宗师”，其学问博大精深，其教育思想亦深邃广袤，其教学更是异彩纷呈。本文仅就他创设“两课”一事来揭示其对“历史文选”课的巨大贡献，并进一步管窥其教育思想与教学特色，而这些教育思想与教学特色对我们今天应如何进行“历史文选”课教学改革，仍然有着极为深刻的启迪意义。

笔者毕业于历史系，未受过教育学的系统传授，故文中评论难免有失当之处，诚望教育学家和研究陈老的专家，以及广大同行们不吝赐教。

嘉宾祝辞

北京师范大学历史学院
杨共乐院长的讲话

各位领导，各位专家：

教育部第六届中国历史文选教学改革研讨会现在开始。

第六届中国历史文选教学改革研讨会由中华人民共和国教育部主办，北京师范大学历史学院、商务印书馆、北京师范大学出版社协办。参加这次会议的专家学者 90 余人，我代表会议主办方对各位专家的到来表示热烈的欢迎。下面我们进入会议的第一个议程。请樊秀萍副校长致欢迎词。

北京师范大学原副校长樊秀萍的讲话

各位来宾，老师们，同学们：

今天来参加中国历史文选教学改革研讨会非常高兴。因为汝企和教授是我上大学时历史文选课的老师，他给我留下最深刻的印象就是他一手漂亮的粉笔字，而且是竖排版的。现在不知道上课时还写不写。当时我特别羡慕，一直在下面练习但还是赶不上。

今天我们受教育部高教司委托，第六届全国中国历史文选教学改革研讨会在我们学校召开。我谨代表学校对参加这次研讨会的各位来宾和兄弟院校的老师表示热烈的欢迎！

中国历史文选是我国高校历史学院普遍设立的一门历史专业的语言工具课程，是历史专业一门重要的课之一，承担着夯实古汉语基础，提高中国历史研究水平的重任。陈垣老校长创设了中国历史文选课程，史学名著选读的设立，就是为了解决青年学生读古书有困难的问题。我国有着悠久的历史文献记载传统，流传下来的文献浩如烟海，为我们提供了极为丰富的研究素材，要读懂这些文献，必须具有相当高的古汉语素养。对于历史专业的学生来说，学好这门课程尤为重要。近年来，中国高校历史专业课程的设置有了很大变化，但中国历史文选课对于提高历史专业学生的素质和能力具有无可替代的重要作用。北京师范大学作为教师教育、教育科学和文理基础学科为主要特色的综合性研究型大学，坚持以本科生教育为基础，本科生教育和研究生教育并重，坚持加强基础，拓宽口径，因材施教，体现特色，强化能力，提高素质的本科教学指导思想，以培养具有良好的人文与学科素养、宽厚的专业基础、开阔的国际视野、勇于实践的创新精神的高级专门人才为学校的人才培养目标。当今，大学生的古汉语水平需要进一步提高。中国历史文选这门课的基础作用需要得到进一步重视，第六届中国历史文选教学改革研讨会的举行，通过中国历史文选课程教学的学界同仁的深入探讨，进一步明确了课程性质、任务及教学指导思想，大家充分交流教学的改革经验，推动了教学改革的不断深入。改革开放以来，出版了近 40 部多层次、多类型、多风格的教材，中国历史文选课程建设取得了丰硕成果。本次教学研讨会的召开，得到了教育部高等教育司领导的高度重视和兄弟院校的大力支持，相信本届研讨会一定会进一步推动中国历史文选课的课程建设，为推动历史学科的教学改革和提高历史学科教学研究水平做出重大贡献。

最后，预祝本次会议取得圆满成功。欢迎大家到北京师范大学来指导工作，谢谢大家！

教育部高等教育司文科处王淑荣处长讲话

各位领导、专家，各位老师：

你们好。春风四月，北京美丽怡人，今天第六届中国历史文选教学改革研讨会在北京师范大学举办，这是全国历史学界的一次重要会议，汇集了全国多所高校、研究机构和出版行业同事，历史文献学的专家和学者，大家齐聚一堂，共谋高校历史文选学科的发展，我感到非常高兴。另外，北京师范大学为会议的顺利举办给予了大力的支持和帮助，在此表示感谢。

我们会议的主要议题是讨论与中国历史文选教学改革相关的各方面问题。我个人认为这是一个很好的议题，因为它关乎我们培养人才质量的问题。近年来，中国高等教育规模快速发展，质量有了较大的提高，为我国经济建设的快速、健康、可持续的发展以及高等教育自身的改革做出了重大的贡献。但是，高等教育的质量还是不能完全适应经济社会发展的需要，不少高校的专业设置和结构不尽合理，学生的实践能力和创新精神有待加强，教师队伍的整体素质也有待提高，人才培养模式、教学内容及方法也需要进一步的转变。为坚持科学发展观，全面落实党中央、国务院战略决策和部署，教育部实施了高等学校本科教学质量及教学改革工程，简称为“质量工程”。“质量工程”可以说是继“211工程”和“985工程”之后，国家在高等教育方面的又一重大举措。我们的“质量工程”包括：专业结构调整和专业认证，课程教材建设和资源共享，教学实践和人才培养模式改革创新，教师团队与高水平教师队伍的建设，教学评估与教学状态基本数据的公布，对口支援西部地区高等学校等内容。“质量工程”中有一些是以项目的形式来完成的，如按照优势突出，特色鲜明，新兴交叉社会急需的改革，择优选择和重点建设特色专业，引导各地各类高等学校发挥自身的优势，办出特色，继续推进国家经济建设，力争在教学内容、教学方法和手段，教学梯队，教材建设，教材效果等方面有较大的改善，全面带动我国高等学校的课程建设水平和教学质量，加强实验实践教学改革，重点建设实验示范中心，推动高等学校实验教学内容、方法、手段、队伍管理以及教学模式的改革与创新，还有重点建设一批教学质量高，结构合理的教师团队，建设有效的团队合作机制，推动教学内容和方法的改革研究，促进教学研讨和教学经验的交流，开发教学资源，促进教学工作的老中青相结合，发扬传帮带的作用，加强对青年教师的培养。

“质量工程”和每个老师的关系是很大的，所以教育部和财政部给予了很大的支持，共同下了一个文件，即《教育部财政部关于实施高等学校本科教学质量和教学改革工程》。历史文选学科作为史学教育的重要方向，富含着深厚的文化底蕴；中国历史文选课程又是历史文献学教育的重要组成部分，是本科生的一门专业基础课，长期以来为培养历史专业合格人才做出了重大贡献。在高等教育的发展中也显得比较突出，无论是师资、教学环境，还是教师水平，都得以明显改善和提高。但是随着教育改革的不断深入，历史文选课在教材教学方法、媒体教学、学生心理分析等方面也必须跟上改革的步伐，进一步提高教学质量，为培养出更多的新世纪高质量创新型人才作出贡献。另外，希望各位利用这次研讨会作为平台，多沟通多交流，根据时代的发展，社会的需要，来讨论这一专业该如何进一步发展，更加办出特色，更主要的是能出现更多的精品课程。最后预祝大会取得圆满成功，谢谢大家！

北京师范大学历史学院资深教授
刘家和先生的祝辞

杨共乐院长：刘家和先生非常重视本次会议，但因有事不能参加，因此写来贺信，请汝企和教授宣读一下刘家和先生的贺信。

汝企和教授：刘家和先生今年整 80 岁了，可仍然十分繁忙，他真是特别希望来到会场，特别想跟大家见面，但实在是事情很繁忙，所以来不了，但他在电话里向我口述了这篇祝辞。他在口述祝辞的半个小时里，咳嗽了十几次。我非常受感动，因此我受他委托，代他宣读一下这个简短的祝辞：

尊敬的各位领导、各位来宾，老师们、同学们：

第一，我向大会表示祝贺！预祝大会圆满成功！

第二，我向与会的各位同仁表示敬意。

为什么要表示敬意？因为各位现在正在做的这种工作和这

种事业，是陈援庵先生一生都非常重视而且亲自紧抓的工作。陈老培养弟子，首先让学生到辅仁附中教国文，然后到辅仁教“大一国文”。陈老的许多弟子，如柴德赓、启功先生、周祖谟先生等，都这样教过。

为什么？因为这是史学工作基础的基础，它给人以读书的指南，读书的钥匙，读书的能力，而史学工作最根本的基础就在文献上。如果不打好这个基础，研究工作即使做起来看着很辉煌，实际上根基是不牢固的。

有人可能不相信这话，并且有些先生也做出了相当好的成绩。但是如果想做出陈老那样的成绩，就非得打好这个基础不可。

所以，根据我个人肤浅的体会，诸位是在真正地作为学生打好基础的工作，所以值得敬佩。

我对诸位表示敬意之余，也寄予诸位最良好的希望：希望诸位能培养出陈老这样的弟子来。可能诸位听着会哈哈大笑，以为我的话是狂言诞语，因为诸位觉得自己可能对陈老都不能望其项背，怎么能培养出陈老这样的弟子呢？这不是自不量力吗？其实不然。戴东原曾经对段玉裁说：大国手教不出大国手，二国手、三国手倒能教出大国手来。所以诸位如果自己觉得只是二国手或三国手，那也是可以培养出大国手的！

不仅如此，而且只要按照这个方向做，诸位和诸位的弟子教学相长，可以同时达到更高的理想境界！

谢谢诸位！

中国历史文献学会会长
周少川教授的讲话

各位专家学者、各位领导：

今天我有幸出席第六届中国历史文选教学改革研讨会，谨代表中国历史文献研究会向会议表示热烈的祝贺！

中国古代就有通过选文提高阅读能力的选学传统。早在20世纪20年代，我们的老校长陈垣先生就根据学生提高古汉语阅读能力的需要，在北京大学历史系创立了史学名著选读和史学名著评论两门课程，并亲自为一二年级的学生上课。后来又在北京师范大学、辅仁大学、燕京大学开设了这门课程，并亲自讲授。这就是今天历史文选和历史要籍介绍的前身。新中国成立后，历史文选逐渐成为高校历史系的必修课程。但是那时的教材并不多，通行使用的只有郝建梁、班书阁主编的，还有周予同主编的教材。历史文选课的课程及教材建设的高潮是在改革开放后兴起来的，1979年三四月间，来自全国19所高校的从事历史文选教学和文史研究的教师们，在桂林举行中国历史要籍介绍及选读教材研究会。会议期间，张舜徽教授与其他几位教授为加强学术交流合作，推动历史文献和文选的教学研究，倡议成立有关中国历史文献研究的学会，这一倡议得到了与会代表的热烈响应。经过近半个月的酝酿、筹备，遂于4月4日在桂林成立了中国历史文献研究会。由此可知，中国历史文献研究会是为了适应历史文献的教学与研究，适应历史文选课程建设的需要而诞生的。如今这个学会由最初的 30 多人发展到现在有 1 000 多名会员的全国性的著名学术团体，成为老中青三代专业人员交流学术，切磋教学，团结合作的精神家园。在学会的会员中，有相当一部分是从事历史文选教学的高校教师，他们通过学会这个平台以及一年一度的年会，彼此在教学与学术上有了更多的联系，对深化中国历史文选的教学改革发挥了良好的作用。

在中国历史文献学会成立 30 周年之际，我们对老一辈学者高瞻远瞩倡议成立学会的功绩，对从事历史文选教学专家们的贡献充满了敬意。学会必将会在今后积极地推动历史文选课的研究和改革工作。改革开放 30 年来，中国历史文选的教学和教材编写工作在教育部有关部门和有关高校领导的关怀下，经过广大任课教师的努力，取得了骄人的成果。从 1987 年 4 月在武汉召开的首届中国历史文选教学研讨会开始，至今已经举办了 6 届研讨会，出版 4 辑会议论文集，编写教材 40 余种，其中如近年来汝企和教授主编的教材，张大可、邓瑞全主编的教材，周国林教授主编的教材，有的成为北京市高校精品教材，有的进入“十一五”国家级规划教材，深受师生的欢迎。一门课程能编写出如此多的教材，能够聚集全国同行定期不断地举行教学研讨会，在国内高校中恐怕是不多见的。

当然，随着教育改革力度的加大和教育发展的需要，历史文选课建设仍然有许多必须研讨的问题，比如目前的教材体例多样，有的重在文章选读，有的注重古汉语基础知识，有的重视要籍介绍，有的强化文献学知识。各地高校如何根据本校学生的具体情况，处理好这几方面的关系是值得注意的问题。教材体例虽异，但基本的教学目标是一致的。因此，及时修订并形成新的教学大纲也是大家所关心的问题。另外，历史文选教学是否能够吸取陈垣先生“史源学实习”课的某些做法，加强教学实践等，相信与会专家会畅所欲言，展示自己的教学心得与研究成果，通过本次会议，把中国历史文选课的研究推进到一个新的发展阶段。

最后，衷心祝愿各位专家心情愉快，身体健康，祝研讨会圆满成功！谢谢大家！

目 录

研讨教材

研讨教学方法

其 他

研讨教材

对中国历史文选课的几点思考

首都师范大学　史明文

中国历史文选课（以下简称文选课）是新中国成立后高校历史学专业知识传授和实践结合紧密的课程之一，其目的是“通过各种典型的历史作品，培养学生阅读并运用一般文言文史料的能力”。[①] 60 年来，文选课的教学实践和理论探讨取得很大成绩，编纂教材及参考资料几十部，造就了一批教学经验丰富的教师，并多次召开教学研讨会，进行经验交流和理论研讨。近几年来，随着教育改革的逐步深入和社会信息传播技术的不断更新，特别是古文献数字化的发展，文选课面临着新的机遇和挑战。本文拟就目前高校文选课教学当中的几个问题进行探讨，提出一孔之见，以资参考。

一、文选课与相关课程

为了提高学生阅读古文献的能力，高校历史学专业开设了

① 《中国历史文选教学大纲》，北京，高等教育出版社，1956。

文选课，有些学校称为中国历史要籍选读或中国历史要籍介绍及选读，其名虽异，性质实则相同，都是通过选讲古代史学典籍来提高学生的古文水平。在开设文选课的同时，还开设中国古代史学名著选读、《史记》研读、《资治通鉴》导读、出土文献导读等课程供学生选修。此外，学生还可以在学校其他院系选修中国古代文学名著选读、古代汉语语法、中国古代哲学名著导读以及学校公共课大学语文等课程。这些课程可以从不同的层面提高学生阅读古汉语的能力，但也带来了一些问题，比如讲授的内容重复。因此正确处理文选课与相关课程的关系十分必要。关系处理得好，各课程之间能够相互促进；关系处理不好，不但浪费了时间和精力，还会挫伤学生学习的积极性。

笔者认为应该做好以下两方面的工作：第一，从学校的课程设置来讲，课程之间要有衔接，在难易程度上要逐步深入，在时间安排上要合理。中国历史文选课一般安排在第一学年，而史学名著选读、《史记》研读等课程大多安排在第二、第三、第四学年，这样学生在每个阶段都有类似课程可以选修。在中学阶段，学生虽然已经学习过古文，有一定的基础，但仍需要进一步系统学习才能阅读、运用古代史料。对大学历史学专业的学生而言，特别是对将来从事中国古代史教学与研究的人而言，古代汉语的学习应该有一个循序渐进、逐步提高的过程，所以，在课程安排上，应该有中国历史文选、史学名著选读、《史记》研读、古代汉语语法这样一个顺序可供学生选择。

第二，在具体讲授内容上，教师要灵活把握，根据实际情况来确定所讲范文。如果本校有《资治通鉴》导读、大学语文、古代汉语语法等课程可供学生选修，为了避免重复，在文选课中可以把有关的内容省略，在学生薄弱的方面则可以多讲一些。文选课的重点应该放在古文的阅读训练上，对于古代典籍的介绍与古汉语语法不能讲得太多，以免喧宾夺主。对于史学典籍的介绍，“历史文献学”、“史料学”、“史学史”、“史学概论”等课程也会涉及，有的学校还有史籍举要、史部要籍解题之类的课程专门讲解，所以文选课的重点应该是引导学生利用工具书阅读古文。

此外，研究生也应该开设文选课。目前高校历史学专业有些研究生由于诸多原因古汉语水平不高，运用古代史料有困难，所以，中国古代史的研究生也应该开设文选课，有针对性地学习古汉语知识。对于研究生的文选课，应该加强语法知识的讲授和白文训练的力度，最好能组织学生整理一些文献，以点校原始资料来带动学生的学习。如文献学专业的研究生可以在教师带领下整理一些出土简牍，或点校某一部文献等。

二、文选的内容

《中国历史文选教学大纲》（以下简称《大纲》）对选文的标准做了明确规定：选录教材的标准分为两个方面：一是“质”的问题，二是“量”的问题。“质”的方面应该注意以下五点：（1）思想性；（2）艺术性；（3）代表性；（4）系统性；（5）可接受性。其中，系统性就是所选的文章足以说明史学发展的体系；可接受性即所选的文章是一般学生有能力接受消化的。

关于“量”的方面应该注意下列四点：（1）必须贯彻学少一点、学好一点的精神；（2）按教学时数决定篇数；（3）每篇字数加以控制；（4）凡文字过长、内容过繁的文章可以节录。这一标准对历史文选教材的编纂和教学实践具有指导意义。

纵观近年出版的教材，在选文的类型、内容等方面越来越全面，各类史书体裁也都有适当的选入，但也出现了一些问题，如有些教材内容过多；所选文章字数过多等。笔者认为在《大纲》精神的指导下，应当处理好以下三个方面的问题：

第一，精讲范文。文选课的主要任务是精讲范文，范文在“质”和“量”方面要按照《大纲》规定严格把关。笔者认为精讲的范文要带领学生一字一句地读，把字词及段落的语法、句法、意义都讲明白，不能让学生感到好像学会了，但问到具体的词义时却不能给出准确的解释。据有的学者回忆，北京师范大学的刘乃和先生教古文课时就逐字逐词地分析，学生受益很大。先辈的这种教学方法值得我们学习。范文一定要让学生真正学懂，做到能够举一反三，不能似是而非。

第二，编辑参考资料。目前配合中国古代史教学的参考资料很多，如各种《中国通史参考资料》，但是专门配合文选课教学的参考资料还不多。配合古代史教学的参考资料对文选课很有帮助，但由于其教学目的不同，所选材料的重点有所不同，用它作为文选课的辅助参考资料就不配套。有必要组织经验丰富的教师编纂一套文选课教学参考资料。既要有各种范文，也要有语法知识。

第三，实习作业内容自选，形式多样。大量阅读各种类型的古代文献可以提高古文水平，所以让学生阅读古文，进行标点、翻译是文选课的重要内容之一。对于练习的材料，教师可以根据学生的实际水平自己选择，材料每年不要重复，以免学生相互抄袭。

三、古文献数字化对文选课的影响

随着计算机技术的进步和互联网的发展，电子资源对学术研究和高校教学的影响越来越大，文选课的教学也不可避免地受到冲击。目前，有不少公司专门从事古文献的数字化工作，如北京国学时代文化传播有限公司、北京爱如生数字化技术研究中心等，它们已把很多古籍进行了数字化，《二十四史》《四库全书》《四部丛刊》《古今图书集成》《资治通鉴》《大藏经》《清实录》等基本典籍已有多种数字化版本。中国基本古籍光盘、国学宝典、汉籍全文检索系统等大型的数字化古文献库每年都在增加新内容，各大图书馆也在把自己的特色资源数字化，如国家图书馆的数字方志、西夏碎金、敦煌遗珍、甲骨世界、碑帖菁华等。古文献的数字化为文选课教学带来了许多便利条件。首先，很多过去难以见到的资源现在可以通过互联网或光盘轻而易举地得到。对本科生来说，国家图书馆、上海图书馆、北京大学图书馆等馆藏的珍贵文献过去不可能看到，现在可以通过网络随时查阅。这样既解决了参考书不够的困境，也使学生很容易得到需要的资源。其次，现代化教学手段和数字化资源使学生不再需要花费大量的时间去抄写原文、记录笔记，使其有更多的精力用于研读古文。数字化资源强大的全文检索功能还可以使教师轻松自如地获得所需的数据、材料等，节省了时间和精力。

古文献的数字化在给文选课教学带来积极影响的同时，也存在一些消极因素。比如，由于很多史学典籍都已数字化，学生可以很轻松地搜索到所需的材料，对学生实习带来很大挑战。如果学生不想做作业，他就可以从网络上直接复制所需的资料，给白文标点、分段、解释、翻译等几乎无所不能，这样作业就失去了意义。再者，数字资源由于所用版本不同，制作者的水平不同，会出现一些错误，这也给学生带来了不良影响，使他们在阅读中不知不觉地接受了错误的信息。

文选课对高校历史学专业的学生来说是一门基础课，通过学习它可以提高阅读古代文献的能力。在中学阶段，学生没有进行过系统的古文学习，而在大学阶段，历史学专业的学生主要是通过文选课来学习古文知识，所以，文选课学习对历史系的学生来说至关重要，它是学生通往历史殿堂的一个途径，如果古文没学好，阅读原始资料有困难，则研究无从谈起。因此，文选课的教学应该引起足够重视，以培养学生阅读古代文献的能力，扫清研究中国古代历史的文字障碍。

中国历史文选与民族文献

天津师范大学　曹志敏

中国历史文选（以下简称文选）是高校历史学专业的基础课，是一门语言工具课，旨在培养学生利用古代文献进行学术研究的能力。新中国成立以来，文选教学取得了很大成绩，出版教材三十余部，教学实践与时俱进，理论探研逐渐深入。随着教学实践经验日益丰富和史学研究的不断深入，文选课的内容也在发生变化，民族文献开始进入大学课堂。以往的历史文选教材，笔者所见只有张大可、邓瑞全两位先生主编的《中国历史文选》设有民族文献专题。笔者认为文选课应该设有民族文献的内容，这样更有利于学生全面了解、利用中国古代文献。

一、文选教材应该增加民族文献

中国是一个多民族的国家，各民族的先民给我们留下了辉煌灿烂的文化遗产，民族文献即是其中之一。在我国历史上，少数民族曾经使用过三十余种文字，留下了数量可观的文献，这些文献内容丰富、形式多样，是研究古代历史不可或缺的宝贵资料。

（一）中国现存民族文献数量巨大

我国民族古文献历史悠久，传世的数量颇多，由于民族古文献的特殊性，它们多保存于私人和寺院之中，目前虽然没有确切统计，但就出版的书目资料及调查情况而言，其种类和数量远远超过汉文古文献，有五十余万种。《中国少数民族古籍集解》共收书目 4 000 余种，它只是诸多民族文献中精选出来的一部分，其中不包括档案资料。就满文而言，单是《北京地区满文图书总目》就收录了 1949 年之前出版的满文图书 1 769 种，如果加上丛书的子目，就达 2 595 种之多。这些民族古文献极大地丰富了中华民族的文献宝库，对于研究我国历史、文化、语言文字、哲学、宗教、医学、天文、地理等具有无可替代的历史价值与学术价值，应该引起专家学者的重视。

（二）民族文献的史学研究价值颇大，但高校重视不够

民族文献具有很高的学术价值，但由于诸多原因，高校学生不了解民族文献的基本情况，更谈不上自觉运用。民族文献在史学研究中的价值，很多学者已有论述，毋庸赘言，其中使用古彝文、古藏文、回鹘文、蒙古文、满文等文字记录的典籍尤为重要，这些民族文献不但可以和汉文相关文献相印证，而且可以弥补汉文文献的不足，如彝文的《西南彝志》、藏文的《青史》《白史》《红史》、察合台文的《拉西德史》、蒙文的《蒙古秘史》《蒙古源流》、傣文《泐史》等。民族文献中还有很多英雄史诗，如《格萨尔王传》《玛纳斯》《江格尔》被称为少数民族的三大史诗，跻身于世界名著之林，可与希腊《荷马史诗》相媲美。由于民族文献的特殊性，一般高校历史学专业不系统讲授民族文献，与古文献有关的课程如历史文献学、史学概论、史学理论、史学名著选读、史学史等也不涉及民族文献的内容，因而学生对民族文献知之甚少，在研究中基本不用民族文献。很多学生虽然不懂民族文字，无法直接阅读民族文献，但新中国成立以来，民族文献的整理取得较大成就，我们可以利用已有的丰富成果。鉴于此，文选课中有必要增加民族文献的内容，使我们在今后的教学研究中自觉地利用民族文献。

（三）民族文献整理与研究成果日益丰富

新中国成立以来，特别是近十多年，我国民族文献的整理与研究取得很大成就，民族文献目录、民族文献汇编、民族文献汉译、民族文献学著作不断涌现。目录方面，有《全国满文图书资料联合目录》《全国藏文古籍联合目录》《中国回族古籍总目提要》《中国蒙古文古籍总目》《中国少数民族古籍集解》《中国少数民族古籍总目提要》等，其中《中国蒙古文古籍总目》，收录图书经卷 1 031 种，档案资料 2 223 种，金石碑拓 535 种，连续出版物 56 种，共 13 115 条目、410 余万字，是一部民族性、文献性、学术性都很强的综合性大型书目工具书。在民族文献学著作方面，有《中国少数民族文献学概论》《突厥语族文献学》《彝文文献学概论》《彝族古籍文献概要》等著作，为我们利用民族文献提供了理论指导。在民族文献汇编方面，有《中国少数民族文献集成》《回族古籍丛书》等大型丛书，汉译的民族文献著作更是不胜枚举。民族文献的整理与研究为我们了解和利用民族文献提供了方便，丰富了研究资料。

文选课程增加民族文献可以扩展学生的视野，使他们更为全面地认识我国古文献资源的概况，在以后的教学科研中利用民族文献，树立保护民族文献、开发民族文献的理念。

二、中国历史文选增加民族文献的构想

按照目前学术界对民族文献的界定，民族文献包括三部分内容：一是指用各民族文字著述并刻写在一定的材料上，可供后人考查历史文化的古代资料；二是用汉字和外国文字记录的我国少数民族历史文化的内容，可供我们查考各民族古代社会历史和传统文化的文献资料；三是各民族口耳相传而经久不衰的文史资料，即历史传说，神话故事、英雄史诗等。① 据此我们可以构架文选课程中民族文献的内容。由于民族文献多是用少数民族文字记录，对大多数高校学生来说，学习民族语言如同学习一门外语，而学习翻译成现代汉语的民族文献又不符合文选课的要求，笔者认为在文选课中增加民族文献的主要目的不是让学生去学习某种语言，而是通过学习民族文献的概况和研究情况，使他们在今后的工作、研究中自觉利用民族文献，如果条件允许，可以去学习和自己研究密切关联的民族语言。有鉴于此，笔者认为文选课中的民族文献专题应该包括以下三个方面的内容。

（一）民族文献概况

民族文献存世的数量众多，其流传方式与存亡现状与汉文有很大差别，文献概况下可以设置两方面的内容：第一，简略介绍民族古文字及文献情况。如张大可、邓瑞全主编的《中国

① 朱崇主编：《中国少数民族古典文献学》，29 页，北京，民族出版社，2005。

历史文选》第十二单元“民族文献”“民族文献典籍概述”中，除简单介绍了16种民族文字文献外，还用较大篇幅介绍了蒙文文献、藏文文献、维吾尔文文献，为我们选录民族文献提供了较好范例，只是某些介绍过于简单，如对老彝文的介绍：“老彝文又称‘爨文’或‘韪书’，用这种文字书写的《西南彝志》全书37万字，是当代发现的有关彝历史、人文情况的一部巨著。”① 第二，简略叙述民族文献的流传情况，包括其传播、聚散、收藏、载体、分类、装帧等，加深学生对民族文献的认识。此部分应简明精当，使学生对民族文献有大致了解。

（二）民族文献整理与研究概况

本专题主要概述了民族文献的整理与研究状况。新中国成立前，我国的有识学者、专家对民族文献倾注了极大热情，他们不惧艰辛，千方百计对民族文献进行了有效保护和搜集整理。新中国成立后，民族古文献收集整理可谓硕果累累，特别是1982年国务院批准《古籍出版规划》，1983年国家民委在北京召开“全国少数民族古籍整理出版工作座谈会”之后，民族文献的整理、研究进入一个繁荣发展的新时期，据粗略统计，近十年来，“全国已抢救民族古籍12万种，整理11万种，出版有重要价值和重大影响的民族古籍5 000多种”②。目前民族文献整理研究的成果是多方面的，有全国性和区域性的书目、索引等工具书，如《中国少数民族古籍总目提要》《北京地区满文图书总目》等；有大型的文献汇编，如《中国少数民族文献集成》等；还有文献选读、翻译系列等，尤其是彝族古文献的整理与研究成就最为突出。彝文是一种古老的文字，有

① 张大可、邓瑞全：《中国历史文选》，623页，北京，商务印书馆，2007。
② 李吾有：《中国少数民族古籍集解序》，昆明，云南教育出版社，2006。

的学者认为彝文至迟始创于6 000年以前，是中华民族的宝贵财富，学术价值颇高，目前出版了《彝文文献学概论》《彝族古籍文献概要》《彝族古籍释名集》《石林彝文古籍丛书》《宁蒗彝族古籍研究丛书》《彝文文献选读》《彝文文献译丛》《彝文文献经典系列》等大量著作。在文选课中概述民族文献时，介绍整理与研究的状况能够起到抛砖引玉的作用，有利于学生利用民族文献。

(三) 选读用汉文记载的民族文献

选读民族文献是最为棘手的问题。由于多数学生不能直接阅读用少数民族文字书写的文献，所以只能选读汉译的或用汉文书写的民族文献，这就给文献的选用带来一些困难。就汉文民族文献而言，《中国少数民族文献集成（汉文版）》就收有500多种文献，要想在浩如烟海的文献中选出适合学生的材料，实属不易。张大可、邓瑞全主编的《中国历史文选》选录了蒙古族文献《蒙古秘史》中关于"纳忽崖之战"和藏族文献《王统世系明鉴》中关于"法王赤松德赞"改革的汉译本段落，选材比较好。笔者认为选文不要多，两篇即可，一篇汉译的民族古文献，另一篇用汉文书写的民族古文献。至于具体选录什么文献，可以根据学生的情况而定。其标准应该符合《中国历史文选教学大纲》中规定的"质"和"量"，即"质"方面应该注意以下五点：(1) 思想性；(2) 艺术性；(3) 代表性；(4) 系统性；(5) 可接受性。"量"方面应该注意以下四点：(1) 必须贯彻学少一点、学好一点的精神；(2) 按教学时数决定篇数；(3) 每篇字数加以控制；(4) 凡文字过长、内容过繁的文章可以节录。①

① 《中国历史文选教学大纲》，2页，北京，高等教育出版社，1956。

中国历史文选教材亟待加强的两个方面：版本和地图

陕西师范大学　苏小华

近年来，中国历史文选课的教材建设进入了一个高潮。北京大学、北京师范大学、华中师范大学的教学团队纷纷推出了自己的新教材。但是，纵观历史文选的新老教材，有两个方面似乎都没有引起编者的重视，即版本目录学和地图。笔者不揣浅陋从这两方面谈谈为何应该加强的原因。所举教材为：周予同主编，上海古籍出版社 2002 年版（下文简称周本）；汝企和主编，北京师范大学出版社 2008 年版（下文简称汝本）；何晋主编，北京大学出版社 2007 年版（下文简称何本）。周本，是使用时间最长，读者面最广，是影响深远的一本教材。汝本的前身是北京图书馆出版社版，在同类教材中突出古汉语教学，坚持四部分类法编排，有相当的影响力。新版汝本，根据历史文选教学的变化，减少了篇幅，重新排版，显示了较强的实用性。何本，是对传统历史文选教材的一次重大改革。这种新的编写方法，无论怎样都应该提出来加以讨论。

一、版本

历史文选，顾名思义，是从中国的古籍名著中选取代表性的片段，加以标点、注解，供学生学习的教材。提到古籍，就不能不谈版本。一部古籍，在千百年的流传过程中，不同的时期，不同的地域，会造成不同的传抄本或者版本。这些传抄本或者版本，虽然来源于同一个祖本，但是其文字、段落却不尽相同。历史文选的选文，无疑应该选用最接近祖本的传抄本或者版本。或者，将通行易得、校勘精审的本子介绍给学生也是可以的。可是，历史文选的编者们，不同程度地，没能做到这一点。

在我们要加以讨论的三种教材之中，周本对于版本无疑是最重视，而且编选者表现出了相当的版本学素养。但是，面对上下两千年，横通四部的典籍，周本及其修订者，在版本方面还是有些失误的。

（一）《史记》版本选用的一点小问题

该书上册第 93 页说，“据 1959 年中华书局出版《史记》，参考《百衲本二十四史》版《史记》”。中华书局点校本《史记》，直接依据张文虎校勘的金陵书局本标点，应该不是《史记》最好的本子。不过依据通行易得的标准，从中选取文章，还是可行的。然而，参考本选择百衲本，就属于失策。百衲本《史记》并非校勘性善本。

（二）汉书版本的选择

该书上册第 146 页说，“据中华书局 1962 年版《汉书》，参考《百衲本二十四史》版《汉书》”。中华书局点校本的《汉书》，以清王先谦《补注》本为底本，但是不收《补注》，只收颜《注》，形成了这么一个四不像的本子，其校勘也不是很认真。① 所以从这个本子选择文章，应该是失策的。

(三)《水经注疏》版本的选择

该书上册第 315 页：“据 1957 年科学出版社影印本杨守敬《水经注疏》”。《水经注疏》版本有两个。这两个本子中较好的恰恰不是科学出版社的影印本，而是现存台湾的本子。1989 年江苏古籍出版社出版，由段熙仲、陈桥驿点校的《水经注疏》，参校了台湾本，应该是比较理想的本子。

(四)《洛阳伽蓝记》版本的选择

该书上册第 324 页：“据 1955 年商务印书馆出版张宗祥《洛阳伽蓝记合校本》，参考 1958 年科学出版社出版周祖谟《洛阳伽蓝记校释》，1978 年上海古籍出版社重版范祥雍《洛阳伽蓝记校注》”。《洛阳伽蓝记》的校勘应该以周祖谟先生的“校释本”为好。简单地说，校释本分清了正文和子注，有利于学生了解《洛阳伽蓝记》的本来面目。张宗祥本、范祥雍本在这方面就不如校释本了。

(五)《通典》版本的选择

该书下册第 39 页：“据明嘉靖间刻本《通典》，参考元至元丙戌（1286）刻本《新刊增入诸儒议论杜氏通典详节》、商务印书馆《十通》本《通典》”。在此书编成的 20 世纪 60 年代，能够这样选择版本，应该说是精准的。今天看来这三种本

---

① 周天鹏：《经史说略·二十五史说略·汉书说略》，53～54 页，北京，燕山出版社，2002。

子都不能算最好的版本。底本的选择首选是，中华书局 1986 年点校本。这个本子虽然不能说完善，但是当今所能见到的善本都用来参校，是个很不错的本子。如果说还要讲求的话，日本宫内省藏宋本，被多次影印出版，也不是难以见到的本子，用来参考也是可以的。

（六）《廿二史劄记》版本

该书下册第 260 页："据嘉庆五年（1800）湛贻堂本，参考《四部备要》本。"据王树民先生研究，"湛贻堂本虽为原刻本而校刻欠精"，并非《廿二史劄记》最佳版本①。现今自然以王树民先生的校正本为最佳。

汝本，在当前来说，是最适合大学教学的本子，在选用版本方面能够坚持通行易得的原则，不过还是有若干可以商榷的地方。

经部文献的版本中最重大的失误是，选择《大学》版本的张冠李戴。该书上册第 34 页："底本据中华书局 1980 年影印阮元校刻《十三经注疏》本《礼记正义》"。但是拿选文和《十三经注疏》本对读，发现章序并不相同，反而和《四书集注》本的顺序相同。可见，教材用的是《四书集注》本，并非《十三经注疏》本。

本教材经部文献大部分选自"中华书局 1980 年影印本阮元校刻《十三经注疏》本"。阮刻《十三经注疏》，号称善本，但是中华书局影印本实为民国时期的世界书局本。这个本子在剪贴缩印的时候造成了不少错误。阮元在校勘《十三经注疏》时候，所见宋本有限，且成于众手，问题也是很多的。有鉴于

① （清）赵翼，王树民校正：《廿二史劄记校证·前言》，4 页，北京，中华书局，1984。

此，李学勤先生组织学者，重新校勘《十三经注疏》，已经由北京大学出版社出版。虽然学界对于这个本子也不是完全满意，但是从通行易得、校勘两个方面来看，比中华书局影印本要好。西北大学古籍所和上海古籍出版社共同点校出版的《十三经注疏》也陆续出版。

汝本的经部大部分取自阮刻《十三经注疏》本，但是《论语》和《孟子》却是取自《四书集注》本。是否《四书集注》本比之《十三经注疏》本要好？我们还是听听专家的意见。孙钦善先生说，《四书集注》本《论语》正文和《十三经注疏》本是一个系统。《论语集注》的价值在于“注释方面，而不在校勘方面”。[①] 所以，《论语》应该用《十三经注疏》本。

汝本的史部正史类，所选版本一律选自中华书局点校本。从通行易得来说，这个选择还是合适的，但是，中华书局的点校本，有一些质量较差，应该断然舍弃，选择百衲本。比如说《新唐书》。中华本《新唐书》的问题是：一，点校草率；二，窜改文字。以此，在选择文章时，还是依据百衲本比较好。

汝本的《通典》，其底本为万有文库本。万有文库本来源于清代武英殿本。殿本存在的问题很多，本身就不是校勘性善本。万有文库，在排印的时候又增加了新的错误，从学术的角度来说，还不如武英殿本。所以，从通行易得、校勘精审的角度来看，还是使用中华书局的点校本为好。

汝本的《韩昌黎集》，“据《四部备要》本《韩昌黎集》”。这个选择也是可以商量的。所谓《四部备要》本，是依据明代东雅堂本排版的。这个东雅堂本，章学诚以为并非善本。上海

---

① 孙钦善：《经史说略·十三经说略·论语说略》，228页，北京，燕山出版社，2002。

古典文学出版社1957年的《韩昌黎文集校注》底本也属于东雅堂本，但是整理者别据善本校勘，应该是要好于《四部备要》本。近些年最好的校注本，则属于四川大学出版社1996年出版的《韩愈全集校注》。

何晋先生所编的《新编中国历史文选》突出了"新编"二字，的确这部教材距离传统的教材实在是有太大的差异了。这部教材，从版本学来看是令人喜忧参半。喜的是何晋先生对于版本很重视。忧的是，何晋先生对于版本问题的认识似乎还有若干可以讨论的地方。版本选择的失误，比如《汉书补注》选择"国学基本丛书"本；《韩非子》选择王先慎《集解》本；《吕氏春秋》选择许维遹《集释》本。王先谦的《汉书补注》底本是毛晋刻《汉书》，本就不是校勘精审的本子。"国学基本丛书"本的《汉书补注》，字小如豆，不便观览，加之仓促排印，造成了不必要的错误，应该不是首选。《汉书补注》的原刊本，被中华书局等多家出版社影印出版，并非稀见，选择《汉书补注》，这些影印本应该优于"国学基本丛书"本。王先慎的《韩非子集解》、许维遹的《吕氏春秋集释》都有其学术史的价值。但是，这两部书的校勘，因为当时能够见到的版本有限，所以不是很理想。① 注解，后出转精，也不如近年陈奇猷注解的本子。

《新编中国历史文选》反映了一个应该引起注意的版本学问题，就是，精校精注本和读本的不分。读书应该首选精校精注本，是清代以来大家耳熟能详的学术常识。但是，如果精校精注的校勘记和注解过于繁复，就会增加阅读的难度，实际上

---

① 《韩非子》的版本情况，今有张觉先生的研究，见《中国文化研究》，2007（1）；《云南大学学报》，2008（2）。据张觉先生研究，民国以来的校注本，校勘精审者了了。选录文章可以迳取《四部丛刊》本。

使该版本变成了工具书，而非读本。何本所选的《史记会注考证》《汉书补注》《三国志集解》，都是名注本，但不是通行读本。实际上，即使专门的秦汉史学者，一般阅读也是使用中华书局的点校本，而不会使用注解繁复的以上本子。《孟子正义》《周礼正义》也是精校精注本，在学术研究中很少有人以这两个本子作为读本。一般来说，这些注解繁复的本子，都是作为工具书来使用，是供查的而不是平时阅读的。所以，在介绍版本的时候，是否可以将这个问题给学生讲解清楚？以免学生产生误会。

这里存在的问题还有，精注本不一定是校勘精审的本子。比如何本所选择的《国语集解》，的确是目前所见对于《国语》注解最好的本子，[①] 但是其校勘则不如上海古籍出版社出版的黄丕烈刊本。《史记汇注考证》《汉书补注》《三国志集解》也不是本书最好的校本。在版本介绍的时候，是否可以增益这些方面？

何本的特点之一是附有书影。可惜这些书影都未作版本介绍，而且印制模糊，大大降低了应有的效果。

版本学知识，可能在影响一名学生理解和运用史料方面，并不是最关键因素。但是作为教材，应该给学生介绍准确的知识。不能因为细节的疏忽，影响学生的认识。所以，版本学虽然是小知识，但是在文选教材中却是重灾区。希望各位编者能够注意及之。

① 从实际的参考来看，其注解疏略，远远满足不了要求。

二、地图

在传统的图书分类法中，地理类是划归史部的。古人又有“左图右书”的说法。这说明在古人看来，历史和地理、地理地图的关系应该是非常密切的。遗憾的是古人的这个真知灼见，在历史文选教材中并没有体现出来。我所见的十几种历史文选教材都是没有地图的。

为什么历史文选教材应该配备地图？这是和历史文选课的教学目的密切相关的。历史文选课的目的就是培养学生理解和运用史料的能力。理解史料，最主要的当然是古汉语的知识。但是，读通文句，并不一定能够理解这句话的历史内涵。如果不能将一个历史事件还原到历史场景中，其内涵往往不能为学生所理解。所谓的历史场景之一，就是历史事件发生的地理环境。这就需要我们查阅、考证这个事件的地理问题的各个方面。查看历史地图，无疑是最方便省事的方法。

比如，选自《左传》的《郑伯克段于鄢》，是历史文选教材经常选用的一段课文。其中，最为关键的一段话，经常被人误解。这段话是：“大叔完聚，缮甲兵，具卒乘，将袭郑。夫人将启之。公闻其期，曰：‘可矣！’命子封帅车二百乘以伐京。京叛大叔段，段入于鄢，公伐诸鄢。五月辛丑，大叔出奔共。”“鄢”这个地名自从杜预以来，就被认为是在今河南鄢陵县境内。看看历史地图就知道，这个注解是不对的。春秋郑国的国都在今河南新郑县。共叔段发动战争的基地“京”在今河南荥阳。鄢陵在新郑东南，京在新郑东北。如果明了这个地理关系，就知道“京叛大叔”之后，大叔段绝对不可能逃往鄢陵。以此可以知道，通常所认为的“鄗”在今河南鄗陵境内是错误的。当然这个问题清代学者就清楚了，他们也有很多推测。判断这些推测的依据，无他，只是看在历史地图上是否合理。

《史记·淮阴侯列传》也是各种历史文选教材经常选用的一篇课文。其中有一段话，“汉王遣张耳与信俱，引兵东，北击赵、代。后九月，破代兵，禽夏说阏与”。“阏与”历来有两种理解：一种是地名；另一种是人名，阏氏侯冯解敢。这两种说法都有依据，不好判断。但是我们研究韩信的行军路线，看“代”的具体位置，就可以知道：阏与应该是地名。

《尚书》《左传》《国语》《战国策》《史记》《汉书》《后汉书》《三国志》《水经注》《洛阳伽蓝记》中所选的课文，多多少少都存在与上面所举的两个例子同样的问题：没有地图难以理解，有了地图就会化难为易。

小　结

自教“历史文选”以来，我收集了书店所能见到的所有教材。学习这些教材，不无遗憾地发现，无论是学术性、系统性还是实用性，基本上没有一种教材能够与王力先生主编的《古代汉语》相媲美的。思索其中的道理，我们只能承认，对于古代汉语的研究，历史系出身的人远远不如中文系出身的。这就使得我们在编写教材方面，尤其在注解方面，随意性过大，不够严谨。这种不严谨表现在各个方面，其中被长期忽视的就有版本选择、版本介绍。同时，在表现“历史文选”课的特性方面也没有抓住要害，比如说，没有地图。

近年来，“历史文选”教材的编写又进入了新的高潮。在体现“历史文选”特性方面有何晋主编的教材；在实用性方面，有汝企和先生主编的教材；在注解的严谨方面，有周国林主编的教材。不过，这些教材也不是完全令人满意，在版本方面、在地图方面尚需努力改善。

当然，这些只是一孔之见，说得不对的地方，尚请各位先生指正。

关于陕人教版《中国历史文选》部分注释的意见

华东师范大学　黄爱梅

张大可、王继光先生主编的《中国历史文选》(陕西人民教育出版社 2001 年版）自成体系、结构谨严、信息容量较大，是同类教材中很有特点的一部。其历史文献学的框架、重名文名篇的文选、要言不烦的通论介绍、较大分量的练习，也非常方便教师教学和学生课外自学使用。唯在使用过程中，亦感有美中不足之处：诸如部分通论设计感觉不太合理，繁简文字穿插、甚至简体字的数量大过繁体字，于学生掌握古文阅读能力恐有不利等，已有专文提及；此外，教学中发现对个别篇目的注释有不同理解，本文即就此提出自己一点拙见，以求就正于方家。

一、注释有误

李斯为舍人（5)。(《秦始皇本纪》)

原注（5）舍人：战国时，贵族显宦之家所养门客之中，派有职事、与主人更为接近的职称，等于机要人员。

按：《史记集解》引文颖曰："主廏内小吏官名。或云侍从宾客谓之舍人也。"《汉书·高帝纪》颜注："舍人，亲近左右之通称也，后遂以为私属官号。"据《战国策》，"楚有祠者，赐其舍人卮酒。舍人相谓曰"（《齐策二》），"孟尝君有舍人而弗悦，欲逐之而终弗逐"（《齐策三》），"孟尝君择舍人以为武城吏，而遣之曰……皆对曰"（《赵策一》），"张仪之楚，贫。舍人怒而归。"（《楚策三》）"李园求事春申君为舍人。"（《楚策四》）等条，可知战国时无论贵族或游士，均养舍人（如楚有祠者和贫之张仪）；所养舍人数量或多或少（多者如孟尝、春申，楚有祠者所养亦非一人）；有特亲近之人（如《赵策一》之李兑舍人，能说李兑资苏秦厚用），亦有疏远之人（如孟尝君弗悦之者）。故战国舍人即门客，中自有亲疏之别，非特为职称。舍人掌机要，更在魏置中书通事舍人之后。

及其舍人，轻者为鬼薪（13）。（《秦始皇本纪》）

原注（13）鬼薪：秦汉的一种徒刑，为宗庙打柴三年。

按：《睡虎地秦简·秦律十八种·仓律》："城旦之垣及它事而劳与垣等者，旦半夕参；其守署及为它事者，参食之。其病者，称议食之，令吏主。城旦舂、舂司寇、白粲操土攻（功），参食之；不操土攻（功），以律食之。"鬼薪本义是"取薪给宗庙为鬼薪也"（《史记集解》引应劭语），然作为秦徒刑之一，鬼薪（包括"坐择米使正白"的"白粲"）三年刑期的劳役内容大大超出打柴（及择米）之外，亦有修筑（"操土功"）之类。

令下三十日不烧，黥为城旦（11）。（《秦始皇本纪》）

原注（11）城旦：秦代劳役的一种，为期四年，夜筑长城，昼守边境。

按：《史记集解》引如淳曰："《律说》'论决为髡钳，输边筑长城，昼日伺寇虏，夜暮筑长城。'城旦，四岁刑。"显然"夜筑长城，昼守边境"指的是"黥为城旦"者，而非所有的城旦。依上引秦律，城旦为四年徒刑，其劳役内容除了建造城墙，还包括建造及补缮公舍官府、看守官署等其他内容。

始皇推终始五德之传，以为周得火德，秦代周，德从所不胜（2）。（《秦始皇本纪》）

原注（2）德从所不胜：代周之德是周德所不能克胜的德，即水德。从，取代。

按：从，无"取代"义。且释文不类。此句实有省略，即"秦代周，（秦）德从（周）所不胜"，从，附从。周德为火德，其所不胜者为水德，秦德附从之，即水德。此句断句，中华书局版《史记》作"秦代周德，从所不胜"。

相攻击如仇雠（13）。（《秦始皇本纪》）

原注（13）仇雠（qiú chóu）：相互敌对仇视。

按：仇，音 qiú，匹配，对偶。雠，从言从二隹，《诗经·大雅·抑》："无言不雠。"本义为对答，引申有"偶"、"对"之义。故"仇雠"皆有"对偶"之义，引申为仇敌。且"仇雠"作"如"字宾语，当解作名词。

乃使使告鲁为好会，会于夹谷（7）。（《秦始皇本纪》）

原注（7）夹谷：齐地名，今山东莱芜南夹谷峡。

按：山东地方名峡谷为“峪”。今莱芜南（一说东南，一说西南）有夹谷峪。

献酬之礼毕（15）。（《孔子世家》）

原注（15）献酬：会盟仪式中的一项程序。献：互赠礼品。酬：互相敬酒。

按：《礼记》有“献君，君举旅行酬；而后献卿，卿举旅行酬；而后献大夫，大夫举旅行酬；而后献士，士举旅行酬；而后献庶子”，《考工记》有“献以爵而酬以觯。一献而三酬”语，又见《仪礼·乡饮酒礼》相关记载。明献酬为宴享之饮酒礼。饮酒之仪，主人进宾之酒，谓之献；宾还主人之酒，谓之酢；主人先自饮，劝宾饮之酒，谓之酬。三者谓一献，天子飨诸侯，有九献、七献、五献；卿大夫行礼，有一献、三献之别。

以求合《韶》《武》《雅》《颂》之音（4）。（《孔子世家》）

原注（4）《韶》《武》：相传是古代分别颂扬舜、周武王的乐舞。

按：《韶》，传说为舜帝所作乐曲名。

而管氏亦有三归，位在陪臣（19），附于列国之君。（《货殖列传序》）

原注（19）陪臣：这里指管仲。

按：陪臣，古时诸侯大夫对天子自称陪臣。管仲为齐桓公大臣，较之诸侯，故言其“位在陪臣”。

千金之子，不死于市（4）。（《货殖列传序》）

原注（4）市：指弃市。古代对处以极刑的人暴尸于闹市叫弃市。

按：市，市场，闹市。《史记会注考证》引何焯曰：“不死市者，知荣辱耻犯法也。”

二、注释不完整

有敢偶语《诗》《书》者弃市（10）。（《秦始皇本纪》）

原注（10）偶语：相互私语。

补：偶，对。偶语，对言。

日夜有呈（7），不中呈不得休息。（《秦始皇本纪》）

原注（7）呈：定额。呈，通“程”。

按：后文有“不中呈”，中，读去声；中程、不中程，为秦汉熟语，应予出注说明。

补：呈，通“程”，定额。中（zhòng）程，符合定额。

始皇默然良久，曰："山鬼固不过知一岁事也（5）。"（《秦始皇本纪》）

原注（5）山鬼：使者道遇的持璧者。

补：《会注考证》引顾炎武语解此句，曰："山鬼固不知一岁事也，其时秋，岁将尽矣，今年不验则不验矣，山鬼岂知来年之事哉?"当时秦以十月为岁首，其时秋，是已秦历年末，可知始皇此语寄希望于来年转运。

使仲由为季氏宰，将堕三都（31）。（《孔子世家》）

原注（31）堕三都：拆毁季孙氏、孟孙氏、叔孙氏三家封邑的城墙。

补：堕（huī），同"隳"，毁坏。

不愤不启（5），举一隅不以三隅反。（《孔子世家》）

原注（5）不愤不启：不到想求明白而又未得之时，就不去启发开导。

补：愤，郁结。

余祇回留之不能去云（3）。（《孔子世家》）

原注（3）祇回：同"低回"，流连不舍。

按：祇，敬也。祇回，因敬仰而流连不舍。《史记索隐》："言祇敬迟回不能去之。"另亦有本作"低回"。

管子修之，设轻重九府（16），则桓公以霸，九合诸侯，一匡天下。（《货殖列传序》）

原注（16）……九府：周代九个掌管财物的官府：大府、内府、外府、泉府、天府、职内、职金、职币。

补：原注所举不全，九府中另有“玉府”。

三、缺注

人主时为微行以辟恶鬼。（《秦始皇本纪》）

按：微行，不欲人知其尊贵身份，更装出行。《秦始皇本纪》三一年《集解》引张晏语：“若微贱之所为，故曰微行也。”

徒奸利相告日闻。（《秦始皇本纪》）

按：奸、干，上古同为见母、元韵，可通假。奸（gān），干，求。奸利，求利。

如颜浊邹之徒，颇受业者甚众。（《孔子世家》）

按：颜浊邹并非孔子正式弟子。其为子路妻兄，孔子去鲁适卫，曾住其家。《世家》本文言“孔子……弟子盖三千焉，身通六艺者七十有二人”，是颜氏之类，在三千弟子之外。《史记正义》亦言：“颜浊邹，非七十（七）［二］人数也。”故文中之“颇”与今常用义有较大差距，应出注说明。

补：如，至于。颇，本义为偏，不正。此处为程度副词，稍微。

四、注释过冗

秦每破诸侯，写放其宫室（25）。（《秦始皇本纪》）

原注（25）写放：模画效仿。

按：放，同“仿”。

殿屋复道周阁相属（27）。（《秦始皇本纪》）

原注（27）周阁相属（zhǔ）：四周阁楼互相连通。周阁，回环的楼阁。

按：周，环绕。属（zhǔ），连接。

于是旍旄羽袚矛戟剑拨鼓噪而至（18）。（《秦始皇本纪》）

原注（18）旍（jīng）旄羽袚（fú）矛戟剑拨：都是武乐所用的器具，也是军队中所用的指挥旗和武器。这是齐国事先布置的以武力来要挟鲁君的行动。旍：同“旌”。

按：“旍”同“旌”。袚，古者除灾祈福的仪式，此处指舞者手中所执。拨：大盾。

请先尝沮之（45）。（《孔子世家》）

原注（45）尝沮之：尝试阻止他。

按：沮，阻也。

子夏之徒不能赞一辞（11）。（《孔子世家》）

原注（11）子夏之徒不能赞一辞：指连子夏这样有学问的弟子也无从参助一词。

按：赞，佐助。此语指连子夏这样以“文学”闻名的弟子也不能在语辞方面有所帮助。

毋庸置疑，相较其他文选教材，陕人教版的注释较为细密，文言词汇、人物、地名、重要制度等均有出注，对学生理解文义提供了很大帮助。然如上文所举各例，说明该教材中部分注释亦有可商榷之处。此外，笔者对教材中个别句子的标点断句亦有不同意见。例如：

（秦王政九年，嫪毐作乱）王知之，令相国昌平君、昌文君发卒攻毐。（《秦始皇本纪》）

按：秦庄襄王至秦王政十年前，吕不韦始终为秦之相国，史有明证，亦有出土吕不韦戈等器物为证。十年方因毐事而免。昌平君、昌文君为楚公子在秦，未有立为相国事。田余庆先生《说张楚》一文已有明辨，当取之。故此句断句应作：令相国、昌平君、昌文君发卒攻毐。

又如：

> 必用此为务，挽近世涂民耳目，则几无行矣。（《货殖列传序》）

按：原注以“挽”同“晚”，以“晚近世”为“后于至治的时代”，作为句子的时间状语。此用《史记索隐》说。然《史记正义》另有一解：“挽，挽也。”《史记会注考证》亦引胡鸣玉说，“挽与挽通。挽近世，用此挽近世之俗也。”笔者以为此解见长。故本句挽、涂（“堵塞”义）均为动词，“挽近世”、“涂民耳目”并列，当有顿号点断，即：必用此为务，挽近世、涂民耳目，则几无行矣。

> 至若《诗》《书》所述虞、夏以来，……而心夸矜埶能之荣使。俗之渐民久矣。（《货殖列传序》）

按：《史记正义》曰：“言《诗》《书》述虞、夏以来，声色刍豢佚乐夸矜，有威势则能为荣华。然世被渐染，使民为之久矣。”《史记会注考证》曰：“使俗之渐民，言上使此等流俗渐染人民也。或云，使俗当作流俗，字之讹也。”两说均以“使”从下读。本句断句当从此，作：心夸矜埶能之荣。使俗之渐民久矣……

综上，笔者以为，文选教材的出色与否，其体系、知识结构、选文篇目皆是重要的创新因素。然各篇选文的注释精当，则是教材成功的基础。欣闻张大可、王继光先生主编的《中国历史文选》将要重新进行修订，作为曾经长期使用此教材的教师，深感应为此贡献一点绵薄之力，故望此文对修订工作有所帮助。

商务版《中国历史文选》勘误举隅

四川师范大学　成　荫
北京师范大学　陈　鹤

商务版《中国历史文选》是历史文选教育界长期进行探索、创新的重要物化成果，该书结构合理，内容精审，注解翔实，难度适中，颇获赞誉，是《中国历史文选》教材的重要代表作之一。但在从事教学及学习该课程的过程中，笔者发现一些疏忽之处。这些瑕疵本无伤大雅、无关紧要，但笔者为求教于方家、增进学识计，遂不揣浅陋，将这些疏忽之处进行了初步的勘误。归纳起来，书中的疏忽之处主要有字词解释欠妥，内容遗漏，错别字，衍文，年号或年代错误，今地名仍沿用旧称，地名错误，人名错误，人物生卒年错误，书名、作者或书卷册数错误，字音错误，标点符号使用错误，排版错误等情况，总计 76 条。其中一些条目涉及两个方面以上，为避免重复，仅纳入一种情况。需要特别说明的是，部分内容承王春淑老师指教，在此特致谢意。笔者才疏学浅，拙文观点定有不妥，敬请批评指正。

一、字词解释欠妥

以下两处注释对字词的解释恐未妥当，可另作新解。

1. 下册书第 339 页《苏秦始将连横说秦》注释 3 认为：“羸，当作‘嬴’，裹也，缠绕也。”按：“羸”与“嬴”字形相近，字义有别。“羸”有“环绕”之意，见《辞源》第 769 页“羸”条（商务印书馆 2006 年修订版）；而“嬴”无此意，见《辞源》第 2 974 页“嬴”条。故此处“羸”不当作“嬴”。然亦不当作“羸”，而当通“累”，缠绕意，“羸”“累”两字音同、义同。

2. 下册书第 363 页《三峡》注释 12 将“屡引”释为“经常引发”，恐不妥。因“引”有延长、伸长之意，结合原文“高猿长啸”“空谷传响，哀转久绝”之语境，释为“经常引颈哀歌”恐更为妥当。

二、内容遗漏

上册书第 240～241 页“纪事本末体系列书目”内容为介绍历代系列纪事本末体书目，列有《宋史纪事本末》《辽史纪事本末》《西夏纪事本末》《元史纪事本末》等史籍。而清代李有棠撰有《金史纪事本末》五十二卷，由中华书局 1980 年标点出版。如补充介绍《金史纪事本末》，则整个内容更显完整，读者将发现宋、辽、西夏、金、元等并列或前后相继之朝代皆有纪事本末体史书。

三、错别字

书中错别字有字形相似、字音相同或相近、注释用繁体字等三种情况。

(一) 字形相似

这种情况在书中多次出现，计有 13 条。

1. 上册书第 75 页《孔子世家》注释 18 “袚” 字有误。“袚”与“袚”字形易混淆。据中华书局点校本《史记》卷 47《孔子世家》原文，“袚”应为“袚”。而就字义论，两者有根本不同，“袚”为古代除灾祈福之仪式，而“袚”为古代一礼服名。结合原文语境，从字义判断，此处“袚”字应为“袚”。

2. 上册书第 123 页《张骞传》第 2 段注释 1 “手仗”之“仗”当为“杖”。

3. 上册书第 208 页《晋楚城濮之战》注释 29 “《十三经注流》本”当为“《十三经注疏》本”。

4. 下册书第 326 页“小腆纪年附考二十卷”条第 5 行“作者晚年，另撰有《小腆纪传》六十卷，补遗正卷”之“补遗正卷”当为“补遗五卷”。

5. 下册书第 333 页《邵公谏厉王弭谤》第 1 段前注释 3 “历王时为王室卿士”之“历王”当为“厉王”。

6. 下册书第 366 页《永宁寺》注释 5 “焚语音译”之“焚语”当为“梵语”。

7. 下册书第 399 页《二体》第 1 段前注释 5 “东汉颖川颖阳”当为“东汉颖川颖阳”，即颖川郡颖阳县。按：“颖”在中国古代常出现于特定地名中，如颖川郡、颖州、颖川县、颖阳县、颍阴县、颍上县、颍口、颍水等。

8. 下册书第 399 页《二体》第 1 段后注释 5“屈氏”、“屈禽”当为“展氏”、“展禽”。

9. 下册书第 401 页《二体》注释 3“东汉末年大学生的首领”之“大学生”当为“太学生”。

10. 下册书第 403 页《书教下》注释 1“园，运转无穷”之“园”当为“圆”。

11. 下册书第 405 页《书教下》注释 3“灌指颖阴侯灌婴”之“颖阴侯”当为“颍阴侯”，“贾谊建议列候就国”之“列候”当为“列侯”。按：据中华书局点校本《史记》卷 95《灌婴传》，西汉高帝六年（公元前 201 年），封灌婴为颍阴侯。对此，中华书局点校本《汉书》卷 41《灌婴传》有相同记载。为维护中央集权，贾谊向文帝建议列侯就国。中华书局点校本《史记》卷 84《屈原贾生列传》称汉文帝在位初期，“诸律令所更定，及列侯悉就国，其说皆自贾生发之。”对此，中华书局点校本《汉书》卷 48《贾谊传》记载相同。

12. 下册书第 429 页第 2 段“《益部耆旧传》”当为“《益都耆旧传》”。

13. 下册书第 492 页《齐桓晋文之事章》注释 9“盖”当为“盍”。

（二）字音相同或相近

1. 下册书第 365 页《永宁寺》第 3 行“是以常景碑雲”中“雲”当为“云”。此据周祖谟《洛阳伽蓝记校释》（中华书局，1963 年版）。另，就字词用法而言，在古汉语中，“云”可作动词，意为“说”，而“雲”无此用法。

2. 下册书第 445 页注释 4“唐太宗”当为“唐代宗”。按：唐代宗时期，以宦官两人充任内枢密使，掌机密事，承宣诏命，权力极大。从此，宦官借内枢密使一职，很容易专权。

（三）注释用繁体字

上册书第 133 页《党锢列传序》第 1 段前注释 15“闲坐啸詠”之“詠”字宜为简体字“咏”，以与全书注释风格统一。

四、衍文

在书中出现三处衍文。

1. 上册书第 140 页《诸葛亮传》注释 9“名管夷吾”，“管”字当删去，为“名夷吾”，如此文义方通。

2. 下册书第 335 页《燕昭王求士》正文第 2 段第 2 行“北面而而受学”当删去一个“而”字，此据《战国策》卷二十九《燕策一》（上海古籍出版社，1978 年版）。而就文义论，删去一个“而”字文义方通。

3. 下册书第 538 页“历代重要类书书目列表”第 13 行《山堂考索》的作者“襟章如愚”当为“宋章如愚”，“襟”系衍文。

五、年号或年代错误

在书中出现了四处年号或年代错误的情况。

1. 上册书第 144 页《诸葛亮传》注释 1 建安十六年非公元 221 年，当为公元 211 年。另建安年号非终于公元 219 年，当终于建安二十五年，即公元 220 年。按：汉献帝建安元年为公元 196 年，建安二十五年三月改元延康。

2. 上册书第 242 页《贞观君臣论治》注释 3 唐太宗贞观年号当始于公元 627 年，终于公元 649 年。故“唐太宗年号（626—649）”之“626”当为“627”。

3. 下册书第 321 页“历代别史要目”第 11《续后汉书》条作者“宋萧常”系年代错误，当为“南朝宋萧常”。

4. 下册书第 385 页第 5 行及第 19 行“宋王夫之”系年代错误，均当为“明末清初王夫之”或“清王夫之”。

六、今地名仍沿用旧称

地名往往随行政区划沿革而发生变化，今地名当使用最新的称呼，以体现时代性。书中有七处今地名仍沿用旧称之情况。

1. 上册书第 123 页《张骞传》第 3 段注释 4“四川茂汶羌族自治县”为旧称，今已改为“四川茂县”。

2. 上册书第 139 页《诸葛亮传》注释 3“山东泰安县”为旧称，今已改为“山东泰安市”。

3. 上册书第 142 页《诸葛亮传》注释 6“湖北新州（县）”为旧称，今已改为“湖北武汉市新洲区”。

4. 上册书第 146 页《诸葛亮传》注释 2“四川奉节县”为旧称，今已改为“重庆市奉节县”。

5. 上册书第 246 页《贞观君臣论治》注释 8“今四川彭水”为旧称，今已改为“重庆市彭水县”。

6. 下册书第 362 页《三峡》注释 7“四川奉节（县）”为旧称，今已改为“重庆市奉节（县）”。

7. 下册书第 401 页《二体》注释 4“讫所在今河南禹县”

之“讫所”当为“治所”，文义方通。另，“河南禹县”为旧称，今已改为“河南禹州市”。要之，“讫所在今河南禹县”当为“治所在今河南禹州市”。

七、地名错误

书中地名错误的情况有三处。

1. 上册书第149页《诸葛亮传》注释2褒斜道南口所在地名有误。褒斜道南口应在今陕西勉县褒城镇，而非褒城县，今褒城镇属陕西勉县。

2. 上册书第217页《淝水之战》注释8朱序籍贯义阳平氏所对应今地名有误。义阳郡平氏县治所当在今河南桐柏县西北，而非河南桐柏西。此据史为乐主编《中国历史地名大辞典》第237页“义阳郡”条、第652页“平氏县”条（中国社会科学出版社，2005年版）。

3. 上册书第217页《淝水之战》注释11弋阳郡治所对应之今地名有误。弋阳郡治所当在今河南潢川县西北，而非河南温州西。此据《中国历史地名大辞典》第172页“弋阳郡”条。

八、人名错误

书中人名错误共计12处，主要为字形或字音相近相似所致。

1. 上册书第 149 页《诸葛亮传》注释 15 张郃当字“儁乂”，而非字“儁衮”。（此字为上“容”下“衣”）此据中华书局点校本《三国志》卷 17《张郃传》。

2. 上册书第 241 页“纪事本末体系列书目”第四“《续通鉴纪事本末》二百二十卷，清李慈铭撰”误。当为“《续通鉴纪事本末》一百十卷，清李铭汉撰”。按：李铭汉（1809—1891），甘肃武威人；李慈铭（1829—1894），浙江会稽人，未撰《续通鉴纪事本末》。

3. 上册书第 282 页“两汉诏令二十三卷”条《西汉诏令》作者“林虑”当为“林虙”。

4. 下册书第 321 页“历代别史要目”第 12《九国志》条作者“路辰”当为“路振”。

5. 下册书第 321 页“历代别史要目”第 28《蒙古源流》条作者“囊萨彻辰”当为“萨囊彻辰”。

6. 下册书第 325 页“东都事略一百三十卷”条《东都事略》作者“王偁”当为“王称”。此据陈述先生《东都事略撰人王赏称父子》一文(《历史语言研究所集刊》第八册第一分册)。这一研究成果已为学界公认，并被《中国大百科全书·中国历史》“东都事略”条吸取。该条指出：“《东都事略》，纪传体北宋史。南宋孝宗时王称（以前曾长期误作‘王偁’）撰。”

7. 下册书第 326 页“大金国志四十卷”条第 3 段第 1 行《松漠纪闻》作者“江皓”当为“洪皓”。

8. 下册书第 327 页“历代杂史要目”第 16《江南野史》条作者“尤袤”当为“龙衮”。

9. 下册书第 360 页第 3 段倒数第 2 行《河朔访古记》作者“乃贤”当为“葛罗禄迺贤”、“迺贤”或“纳新”。另，同页第 4 段《西域行程记》及《西域番国志》作者“陈诚”均当为“陈诚、李暹”。

10. 下册书第430页“宋元学案一百卷”第4行及第11行中《宋元学案补遗》的作者“冯云濛”均当为“冯云濠”。

11. 下册书第571页“2. 作注的原则和方法”第5行“阎若据”当为“阎若璩”。

12. 下册书第614页《历史名词特殊读音表》倒数第3行“金日蝉”当为“金日磾”。

九、人物生卒年错误

书中人物生卒年错误之处有三。

1. 下册书第324页《十国春秋》作者吴任臣生卒年有误，应为1628—1689而非1631—1684，1631—1684乃吴兆骞之生卒年。此据江庆柏编著《清代人物生卒年表》第313页（人民文学出版社，2005年版）。

2. 下册书第329页《贞观政要》作者吴兢生卒年有误，应为670—749而非690—749。

3. 下册书第435页“容斋随笔七十四卷”条将作者洪迈与其家兄洪遵两人之生卒年相混。洪迈生卒年当为1123—1202，而1120—1174乃洪遵生卒年。此据杨殿珣《中国历代年谱总录》第139页（北京图书馆出版社，1996年版）。

十、书名、作者或书卷册数错误

书名、作者错误的情况共十二处，书卷册数错误的情况共四处。书名错误主要是书名出现字形相近或字音相同的错别字，作者错误主要是对工具书的编写者表述不够准确。

1. 上册书52页第2段最后一行“《二十二史札记》”当为“《廿二史札记》”。《廿二史札记》为清代三大史考名著之一，当使用规范名称。

2. 上册书第282页“唐大诏令集二四〇卷”当为“宋大诏令集二四〇卷”。

3. 下册书第327页“历代杂史要目”第20行“《挥尘录》”当为“《挥麈录》”。按：“麈”非“塵”甚明，但此处“麈”被误为“塵”，“塵”之简化字为“尘”。

4. 下册书第350页“3. 参考性工具书”第2行“《简明哲学词典》（苏尤金编）”当为“《简明哲学辞典》（［苏］罗森塔尔、尤金编）”。同页第3行“《简明社会科学词典》（宋原放编，上海辞书社，1983年出版）”当为“《简明社会科学词典》（宋原放主编，上海辞书出版社，1982年版）”或“《简明社会科学词典》（宋原放主编，上海辞书出版社，1984年版）。同页第4行“《宗教词典》（任继愈编）”当为“《宗教词典》（任继愈主编）”。同页第6行“《经济学大词典》”当为“《经济大辞典》”，该书分为20卷，1992年出版汇编本。同页第8行“《中国近代史辞典》（陈旭麓主编）”当为“《中国近代史词典》（陈旭麓等主编）”。按：《中国近代史词典》有三位主编，即陈旭麓、方诗铭、魏建猷。同页第9行“《世界历史辞典》”当为“《世界历史词典》”。

5. 下册书第359页第2段第4行“《舆地记胜》”当为“《舆地纪胜》”。

6. 下册书第431页第1段第9行《百越先贤志》作者“区大任”当为“欧大任”。

7. 下册书第432页“历史杂记类笔记要目”第4行《酉阳杂俎》作者当为段成式，而赵璘所撰笔记则为《因话录》。

8. 下册书第432页“历史杂记类笔记要目”第6行“《国学纪闻》”当为“《困学纪闻》”。

9. 下册书第432页“历史杂记类笔记要目”第15行“《玉壶清语》”当为“《玉壶清话》”。

10. 下册书第433页“历史杂记类笔记要目”第18行“《渔隐丛语》”当为“《苕溪渔隐丛话》”。

11. 下册书第433页“历史杂记类笔记要目”第19行“《玉堂嘉语》”当为“《玉堂嘉话》”。

12. 下册书第581页第1行“《铃山堂集》”当为“《钤山堂集》”。按：《钤山堂集》为明严嵩著。钤山在今江西省分宜县南二里袁江南岸，亦名钤岗，右为新泽水、左为长寿水，夹于山末，故名钤。严嵩曾在钤山读书十年，故其文集名为《钤山堂集》。此据罗竹风主编《汉语大词典》第1219页（汉语大词典出版社，1993年版，第11册）。

13. 上册书第241页“朝代系列纪事本末书目”第5行“《宋史纪事本末》一百零九卷”当为“《宋史纪事本末》二十六卷”。按：《宋史纪事本末》共二十六卷，一百零九目。

14. 下册书第321页“历代别史要目”第18行“《南宋书》六十卷”当为“《南宋书》六十八卷”。

15. 下册书第322页“历代别史要目”第31行“《明书》一百七十卷，清傅维麟撰”当为“《明书》一百七十一卷，清傅维鳞撰”。

16. 下册书第537页“永乐大典”条第6行“分抄装成一万九十五册，总字数三万七千万字”当为“分抄装成一万一千零九十五册，总字数三亿七千万字”。

十一、字音错误

字音错误的情况在书中有三处。

1. 上册书第 124 页《张骞传》第 1 段前注释 8 “槁” 音 “xí” 误，当为 “xī”。

2. 上册书第 141 页《诸葛亮传》注释 23 “暗” 音 “ān” 误，当为 “àn”。

3. 下册书第 480 页《东山》注释 9 “蜎蜎” 音 “xuānxuān” 误，当为 “yuānyuān”。

十二、标点符号使用错误

标点符号使用错误在书中有三处。

1. 上册书第 148 页《诸葛亮传》注释 11 “掌” 字后的逗号当删去，如此文义方通。

2. 下册书第 429 页 “名臣言行录二十四卷” 一段第 3 行 “十卷。” 当为 “十卷，”，如此文义方通。

3. 下册书第 549 页《劝学》第 3 段第 4 行 “假舟楫者。非能水也”，当为 “假舟楫者，非能水也”，如此文义方通。

十三、排版错误

排版错误在书中有两处。

1. 上册书第 48 页“与《史记》八书分合对应的史志”表中《隋书》之《食货志》误与《史记·河渠书》《汉书·沟洫志》同列，应右移一格与《史记·平准书》《汉书·食货志》所在列相对应。

2. 下册书第 410 页《五代史论下之十三》第 1 段第 3 行“朶”当为“启”，应系排版之误。

3. 下册书第 412 页《明代宦官》第 10 行“正德天朶等朝乎”之“天朶”当为“天启”，第 413 页第 7 行、第 10 行“天朶之初”均当为“天启之初”，亦应系排版之误。

中国历史文选教材内容与教学重点之拙见

西北民族大学　段小强

教材是完成教学任务提高教学质量的关键之一，而科学、适用的教材编写，则是对该课程自身学科体系不断探索不断完善的结果。《中国历史文选》教材的编写自1949年以来，已经走过了60年的历程。60年来，据不完全统计，从1950年北京师范大学历史系刘乃和先生主编的《中国历史文选》油印本到中华书局1961年、1962年先后出版发行的周予同先生主编的《中国历史文选》①，再到2008年北京师范大学出版社出版发行的汝企和先生主编的《中国历史文选》，总共出版发行了40余种教材。可见多部文选教材的相继问世和广泛使用，加之6次教学研讨会的召开，使得中国历史文选课程的教学与研究备受重视，而且也从一个侧面展现出我国高等教育事业兴旺发达的时代风貌。

笔者自1993年以来一直从事我校中国历史文选课程的教学工作，迄今先后使用过四种版本的中国历史文选教材：一是

① 汝企和：《中国历史文选教学研究》（第四集），267～274页，北京，高等教育出版社，2003。

由甘肃教育出版社 1987 年 8 月出版，张大可先生任主编的《中国历史文选》教材；二是由陕西人民教育出版社 1998 年 8 月再版，张大可先生任主编的《中国历史文选》教材；三是由甘肃文化出版社 1998 年 2 月出版，汪受宽、高伟先生任主编的《中国历史文选》教材；四是历史学和博物馆学专业的学生目前正在使用的由商务印书馆 2007 年 8 月出版，张大可、邓瑞全先生任主编的普通高等教育“十一五”规划国家级教材《中国历史文选》。根据多年中国历史文选的教学体会以及在教学中所接触到的教材版本的体例，本文在“文选”和“历史”衔接性问题上，谈一点自己的肤浅看法，并恳请各位专家、学者批评指正。

我们所使用的《中国历史文选》教材一般包含四个层次的教学内容：一是典籍概述；二是文章选讲；三是通论教学；四是练习文选。典籍概述的内容包括每一类目文献典籍的源流、体例、价值、代表性书目，要求学生了解文献典籍的发展概况，对历史要籍需掌握作者简历、成书年代、主要内容、编纂体例、史料价值、版本、注本等。文章选讲部分则是通过对各类典型历史文选的讲授，要求学生掌握较为系统的古汉语知识，能够阅读通用的古代文献典籍，并能具体感知各类文献典籍的体例、述事、取材及编纂特点。讲授中以字、词、句为主，可适当串讲，但要防止以串代替字、词、句的落实，以此培养学生举一反三的能力。对于词汇，要求学生掌握基本词汇，能够理解古汉语常用词的本义、引申义、假借义以及语法活用等。通论教学的内容则要求学生了解三个系统的知识：其一为传统文字学、音韵学、训诂学的基本知识，以及断句、标点、今译等知识；其二为目录、版本、校勘、考据、辨伪等文献学知识；其三为天文、历法、地理、职官、宗法、谥法、姓名字号、避讳等文化史的基本常识。练习文选供学生作业实践，要求学生标点断句、注音释义、语译古文、语法分析、写段意或简析课文等。①

可见，中国历史文选是一门覆盖面比较广的课程，其开设的目的主要在于培养学生阅读和使用我国古代文献典籍的能力，同时也为进一步学习和研究中国古代历史奠定了基础。这就要求本课程的教材在保证学生全面了解我国文献典籍和读史常识的前提下，重点保证在文选这一主体内容的教学过程中探寻历史研究的一般方法，从而提高学生学习中国历史文选课程的兴趣和感性认识。由此可知，中国历史文选实际上是一门中国历史文选、中国古代史、中国历史文献学及中国史学史等多门课程在教学内容上相互关联、相互渗透的课程，因而有必要加强这些课程之间的教学联系，并区分各自的重点讲授内容。具体建议为：

首先，在开设中国史学史与中国历史文献学课程后，有必要强调中国史学史、中国历史文献学和中国历史文选各自的教学侧重点，并重新安排这三门课程的重点讲授内容，以避免重复教学。中国历史文选与中国史学史和中国历史文献学三门课程既有相同点又有不同之处。其共同点是都论及史籍、史学家及其时代背景、史学思想及一些比较实用的版本、目录知识。而不同点则是中国历史文选重在掌握文言文、词、句，目的在于提高阅读古籍的能力，然而中国史学史、中国历史文献学则

① 王继光、徐景重：《中国历史文选导读》，2页，西安，陕西人民教育出版社，1989。

完全不涉及这些内容。[①] 因此，但凡中国史学史、中国历史文献学所要讲授的内容，中国历史文选则可略加讲述，不必占用较多的课堂时间。具体来说，典籍概述和通论教学的内容一般包括在中国史学史及中国历史文献学的教学内容范围内，而历史学专业的学生一般都开设中国史学史、中国历史文献学的课程，所以我认为典籍概述和通论教学部分不应作为中国历史文选课程的主要讲授内容，只要略加涉及即可。

其次，举凡学习中国古代史，无论在理论问题或材料问题方面，都要和中国历史文选这一课程发生直接或间接的密不可分的联系。[②] 在高等院校的历史学专业中，中国历史文选课程与中国古代史相互关联，相互为用，有着不解之缘，两门课程是相辅相成的。中国历史文选可以利用并发挥其与多门边缘学科交叉且覆盖面比较广泛的特点，以其丰富的教学内容与中国古代史相配合，尤其在文献资料方面，加强对中国古代史的学习和获得进一步研究的初步认识。使原来学习程度较好的学生，学习得更好，而学习程度较差的学生将会因此缓解学习中的畏难情绪，克服学习的困难，不断增强学习中国古代史的信心和毅力。因此，不学习中国历史文选则不知史料的出处和源流，更不知各种史书的体裁和体例；不学习中国古代史则不知如何剪裁和驾驭原始资料，更不知各种体裁和体例的史书之所以产生的历史背景和史学思想的发展及其演变。中国历史文选学习得好，中国古代史课程必然也会学习得很好；只有对中国

① 彭忠德：《简论史学史、历史文献学设置后的历史文选》，载杨燕起、郑之洪、钟葵生主编：《中国历史文选教学研究》（第二集），144页，145页，北京，高等教育出版社，1993。

② 陈泉娣：《浅谈中国历史文选在历史科学研究中的地位和作用》，载杨燕起、陈泽延编：《中国历史文选教学研究》，46页，北京，北京师范大学出版社，1989。

古代史进行钻研，才能产生对中国历史文选的学习兴趣。相反，对中国历史文选学得不好，对中国古代史的学习必然是索然无味。从某种意义上来说，中国历史文选课程似乎可以说是学好中国古代史的前提条件。[①] 可见，在中国历史文选课程的教学中，文选部分教学内容应该和中国古代史的相关内容紧密衔接起来，以期贯彻“论从史出”的原则。

例如，在《中国古代史》（上册）第六章“秦统一封建国家的建立和秦末农民大起义”中，第一节“秦统一封建国家的建立”在讲到“加强政治思想统治”时，引用的《史记·秦始皇本纪》中的“文选”材料有：一是在秦统一六国的事业刚刚完成，讨论建立什么样国家体制的问题上，以丞相王绾为首的一部分官吏认为“诸侯初破，燕、齐、荆（楚）地远，不为置王，毋以填（镇）之”，主张这些地方实行郡国并行制。而廷尉李斯认为春秋战国时期的诸侯纷争，完全是西周分封诸侯所造成的，只有废除分封制，才可免除祸乱，秦始皇也认为“天下共苦，战斗不休，以有侯王”，于是采纳了李斯的意见，在全国建立了郡县制。二是博士淳于越在公元前213年又提出了恢复分封制的主张，说“事不师古而能长久者，非所闻也”，丞相李斯加以反驳，他指出，世道不同，治理的方法也应该不同，儒生“不师今而学古”，“道古以害今”，如不加以制止，“主势降乎上，党与成乎下”统一可能遭到破坏。对此他建议：第一，除《秦纪》、医药、卜筮、农书以及博士所藏《诗》《书》百家语外，凡私人所藏儒家经典、诸子和其他历史书籍，一律限期交官府销毁，逾期不交的，处以鲸刑并罚作城旦；第

① 陈泉娣：《试论历史文选与中国古代史教学的关系》，载杨燕起、郑之洪、钟葵生主编：《中国历史文选教学研究》（第二集），141页，142页，北京，高等教育出版社，1993。

二，谈论《诗》《书》者处死，以古非今者族；第三，严禁私学，“以吏为师”。秦始皇支持了李斯的建议，这就是历史上的“焚书”事件；第四，公元前 212 年一些方士和儒生对秦始皇进行诽谤，秦始皇以“为妖言以乱黔首”的罪名，下令追查，共逮捕 460 人，全部坑杀在咸阳。这就是历史上所说的“坑儒”。① 通过以上文选和历史的对比衔接，我们可以看到，在让学生接触并理解一篇选文之后，进一步分析其中的史料价值，了解历史中文选材料的来源，加强学生灵活理解和运用史料的能力，无疑是中国历史文选课程教学中的必要环节。

再次，中国历史文选课程一般开设在大学一年级，我们知道，中学阶段学习文言文，仅接触到部分历史文选，而且还侧重于对字、词、语法和意思的掌握和理解，虽然也分析段落大意、中心思想，但对许多问题停留在孤立、片面的理解中，只要求学生理解课本中的引文而已，而不是把文选融合到历史中去运用历史研究的方法分析其史料的来源和价值，提高知识学习的层次。可见，在中国历史文选的教学中，如果对文选和历史加以对照分析，既可增加中国历史文选课程的吸引力，提高学生学习的兴趣，又可获得历史研究的初步认识。②

总之，在传统的中国历史文选教学中，存在着面面俱到和“重文轻史”的现象。表现在典籍概述和通论教学中投入的精力和时间较多，却很少在文章选讲中将文选史料放到具体的历史中进行剖析，以使学生了解史料的出处和源流，并懂得如何剪裁和驾驭原始资料，以至于历史知识缺乏系统性和连贯性。因此，在“中国历史文选”教材内容的教学过程中，充分体现文选与历史的衔接性具有重要意义。

---

① 朱绍侯：《中国古代史》，244 页，福州，福建人民出版社，1987。

② 刘连开：《如何充分展开史料分析》，载杨燕起、张家璠、李家发主编：《中国历史文选教学研究》（第三集），48 页，兰州，甘肃文化出版社，1998。

论中国历史文选的“历史性”与“时代性”

聊城大学　李桂民

中国历史文选课程至今整好走过了一个世纪，这期间无论是文选课程的师资培养还是教材建设，都取得了长足的发展。就教材建设而言，周予同主编的《中国历史文选》、高淡元主编的《中国历史要籍与选读》和张大可主编的《中国历史文选》等，多年来被国内各高校选为教材，在历史学人才培养上发挥了重要的作用。其中张大可主编的《中国历史文选》，自1998年由陕西人民教育出版社出版以来，2007年被列入普通高等教育“十一五”国家级规划教材，由商务印书馆出版，2008年又获得教育部普通高等教育“精品课程”教材的殊荣。本文主要根据现行文选教材的特点和内容，谈一下自己对教材建设和教学改革的看法，不当之处，敬请指正。

现行文选教材基本包括要籍介绍和文献选读两大部分，编排体例有的根据选文时间先后、有的根据史书体例、有的大体沿用了传统的经史子集的分类方法。各种体例互有短长，迄今为止出版的《中国历史文选》教材已近30种。从当下文选教材的内容看，随着时代的发展，文选的包容性日渐缩小，国内诸多高校把文选课的教学目的规定为提高学生阅读古典文献的能力，就反映了这一变化。长期以来，由于中国历史文选课的定位和其边界不清，影响了这门课程的发展。可以说，任何一门人文学科，在其边界外适度拓展是合理的，但不同的学科应突显自己的着力点，平均用力或着力点均衡失当，都会影响课程的健康发展。尽管当下许多高校的中国历史文选课仍为专业必修课，但从历史上看，文选课程在历史教学中的比重呈日渐减少的态势，现在许多高校的文选课程安排一年的时间，这主要集中在历史文献学专业较强的高校，有的高校由于师资不足，中国历史文选课仅安排了一个学期，业已影响到教学任务的全面完成。同时也应看到，由于许多高校师资队伍建设的加强，中国史学史和历史文献学课程的系统开设，而且这两门课程都是教育部规定的可以授予硕士、博士学位的二级学科，如果再提倡《中国历史文选》课的巨大包容性，多少有点不合时宜。曾有学者提出过历史文选课应当包括域外文献，而且已有高校在“中国历史文选”之外，开出“世界历史文献研读”课程。从当下中国历史文选课程内容看，主要以中国古代文献为主，包括少量近代文献和考古文献。从课程性质上看，“中国历史文选”课是历史学专业的基础课和工具课，高校在实际教学规划中，应根据本学校的实际，选用不同特色和侧重点的中国历史文选教材，并积极鼓励和支持自编教材，努力建设精品课程。但从长期发展来看，中国历史文选课程的历史要籍介绍务求简明，但也不应完全排斥由历史文献学专业从业者所编写的、不同于史学理论专业编写的颇具特色的优秀要籍的介绍。然而总的原则是，教材这部分分量不宜过大，文献介绍不求面面俱到，可以借鉴书目提要的编写格式，主要介绍文献的作者、结构体例、价值和版本流传等，清人撰写的《四库全书总目提要》简明扼要，评价颇为到位，现在看来可以写得更为丰富一些。还需要在这个问题上补充的是，在要籍介绍当中或以说明的形式，增加选文研究的内容，而不是仅限于“具有较高史料价值”之类笼统的说明，从而使得历史文选课读和研的有机统一，促进中国历史文选课程的快速发展。

就中国历史文选课的选文来看，选读文献要有代表性和典型性，应选择史学价值较高、影响较大的篇章进行选读，如《尚书》中具有极高史料价值的《盘庚》篇、具有重要思想价值的《洪范》篇、反映我国早期刑法思想的《吕刑》篇等。语言平易、史学价值不高的文章似不宜列入教师重点讲解篇目，但一些语言平易，兼具有较高史学价值的文章可以作为学生泛读的基本篇目。文选的对象，不仅要体现“历史性”，还要具有“时代性”，这里所说的“时代性”，就选文而言，在注重选文多样性的同时，适当注重经济、思想文化等方面的选文，同时文选课程要及时反映学术界的成果，尤其是出土文献这种传世文献不存的内容。值得肯定的是，当下的许多文选教材列入了甲骨、金石、简牍文献的内容，随着新材料的不断出现，一些重要发现应当及时补充进教材。如郭店楚简和上博简等儒家类文献，大多不见于传统文献，其思想史的意义是显而易见的。

就文选的编排而言，我觉得还是以繁体竖排为好，尽管这种形式和今天的时代主流不相适应，但大学本科学生会很快接受这种形式，而且中国历史文选课程的目的决定了我们不能随意降低难度，而使教学目的大打折扣。文选课的教学目的一般定位为提高学生阅读历史文献的能力，我国传世文献数量众多，已经整理的文献只是冰山一角。本科学生不能仅满足于使用已经整理的文献，还要通过大学学习为阅读未经整理的文献奠定基础。现行文选教材采用的主要有繁体横排，如周予同主编的《中国历史文选》（以下简称周书）、阙勋吾主编的《中国历史文选》（以下简称阙书），要籍介绍相当简明。周书出版后颇受好评，并影响到后来其他文选教材的编订。阙书在每一单元中，先列选文，在选文后则以说明的形式对作者和要籍作简要介绍。有的采用简体和繁体混排，如高淡元主编的《中国历史要籍介绍及选读》、张大可主编的《中国历史文选》等，文献介绍和注释基本用简体横排，选文则用繁体横排。高淡元主编的教材选文较好，要籍介绍比较全面，但没有涉及考古文献。张大可主编的《中国历史文选》要籍介绍比较简明，通论部分中有些内容，如目录、版本、校勘等，丰富了文选课程的内容，也构成了这部历史文选教材的一个特色。

从大学生的知识水平看，对繁体字尚有认知障碍，对古代文献的繁体竖排不太适应，中国历史文选的教材，如果完全采取繁体，这样做虽然会使学生能更快地熟悉繁体，竖排短期内肯定会影响学生阅读效率，但由于众多的未经整理文献的存在和许多权威的整理版本都是采取繁体竖排方式，因此，使学生接受中国历史文选这种课程的系统训练，就显得很有必要。我有一种设想，待条件成熟时，能否考虑运用到中国历史文选教材中去，即我们在中国历史文选课中，让学生接触原版文献，使学生体会到原汁原味的教材，而不是学习二次文献。也就是说，选文直接采取扫描或影印方式，前提是注意选文的版本，如二十四史采用中华书局的新式标点本，诸子著作采用中华书局新编诸子集成本。这样做一定程度上会带来教材页码的增加，但鉴于诸多教材在教学中教师并不能全部讲完，因此，可以考虑适当削减选文的数量，而代之以精研精读。大学文选教学不是中学文言文学习的再版，也不同于汉语言文学专业的古代汉语教学，而应充分挖掘其自身的特点。这种特点是由其隶属于历史学科的特性决定的，中国历史文选教学不能仅仅停留在字、词、语法的层面，而要对历史文献的背景做基本勾勒，对历史文献作历史和思想上的深层分析。中国历史文选课的教学，要求教师具有深厚的知识积淀、宽宏的视野及运用史料分析问题的能力。在教学中，历史文选教师的作用不可或缺，而不是任何个体都能为之的知识补丁。

为了使文选课程更能名正言顺，课程名称也需要进一步规范。在实际教学过程中或称为史学名著选读，或称为中国历史文选，或称中国历史要籍介绍及选读等，名称尚不统一，为了更好地体现课程特点，加强该课程的教学，名称是否可以称为中国历史文献研读，以便能够使中国历史文选教师有更明确的角色定位，同时也能更好地体现该课程与历史文献学的关系。

当然，让学生直接面对不同于主流教材的样式，可能会削弱文选课程的趣味性和生动性，影响学生学习的积极性和主动性。这种担心是正常的，但并非不可克服，教材仅仅是知识的一种载体形式，通过教师充分努力，完全可以化枯燥为神奇。教师在教学过程中，通过大胆推进教学改革，积极把现代教学手段引进课堂，不断探索教学方法，切实提高自己的知识素养，大力加强实践教学环节，就能弥补教材形式上的不利因素。在教学中，教师还要充分发挥学生的主动性，倡导研究性的学习方法。与之相适应，中国历史文选在教材设计上，要正确处理好课堂讲授和课外阅读拓展的结合，在单元制教学设计的架构内，注意导读式教学，进一步扩展文选教材中现有练习文选的设计，使其不仅包含断句练习，还应包括学生能力的培养与系统思维的训练。为便于学生自我总结、自我评价，应该事先规划每一单元应达到的知识目标，便于学生的自我预测和自我评价，从而全面提高教学质量。

研讨教学方法

中国历史文选教学的“精”与“博”

辽宁师范大学　梅显懋

中国历史文选课程是历史专业非常重要的一门基础课，教学目的是为了提高学生独立阅读史书史料的能力。当然，也有很多学者认为，这门课程还应该培养学生运用史料去解决历史研究领域具体问题的能力①。这一提法当然也不无道理，但本课程要完成的基本任务，还是要培养学生“独立阅读历史文献的能力”，这个问题解决了，也就为运用史料解决实际问题打下了坚实的基础。况且，就目前客观情况而言，历史文选教学欲完成基本任务，也绝非易事。

国学大师陈垣在20世纪20年代，意识到了白话文运动兴起所带来的副作用，即年青一代阅读历史文献的能力的下降，在北京大学创设了中国历史名著选读课程，影响极大，此后中国历史文选课程，逐渐成为高校历史专业必修的一门基础课。

① 吕志毅：《关于中国历史文选课教学的几点思考》，李家发：《关于“实词”教学》，张家璠、陈仰光：《群策群力，努力把“文选”教材建设推上一个新台阶——编写〈中国历史文选〉教材小结》，阎爱民：《返璞归真——论历史文选的教材编纂应以影印线装书的版式为宜》（皆见于《中国历史文选教学研究》第三集）等，都提出了历史文选教学目的是培养学生阅读与运用史书史料能力的观点。

时至今日，已近一个世纪了，我们应该清醒地看到，当今的青年与陈垣时代的青年，在阅读古文献能力方面已有了相当大的差距。再加上新中国成立后两次汉字简化，印刷版式的改变，尤其是近年来的网络文化的风行，吸引了大批的年轻人，这种文化快餐得来甚易，逐渐使人有了不愿细品具有深层内涵的作品的习惯，而古代文献本来就不能以吃快餐的方式来汲取营养，这就更加拉大了青年学生与古文献之间的距离。笔者积二十余年从事历史文选教学的亲身体会，深感大学新生阅读历史文献的能力有持续下降的趋势，他们在初接触本课程之时，普遍具有畏难的情绪。而另一方面，在主干课程普遍压缩课时的大背景下，历史文选的教学课时也在减少，这给历史文选教师带来了巨大的压力。或许正是在这样的背景下，才有学者感慨历史文选教学仅提高学生阅读史书史料的能力，已是“不低的目标”[①] 了。

然而，作为历史专业的学生，如果不能具有独立阅读史籍史料的能力，至少在古代史的学习方面，就失去了最基础的能力。更谈不上获得什么真才实学了。鉴于这种严峻的教学现状，笔者长期以来思考最多的就是，如何以有限的课时，最大限度地完成历史文选的教学任务。要解决的问题很多，途径不一，本文仅以历史文选教学方法上的“精”与“博”的问题，述一得之见，以就教于专家同行。

① 阙勋吾：《中国历史文选》，前言，北京，高等教育出版社，1993。

一、历史文选教学之“精”

历史文选教学之“精”，主要指的是教师在讲授选文内容时要追求精深。教师应利用有限的课时，选择一些思想性、可读性、史料价值都很高的篇章，讲深讲透，以求获得举一反三、触类旁通之效，让学生充分认识到阅读史书史料对专业学习的重要意义，并教给学生读书方法，培养学生研读史书、史料的思维习惯，以及深入理解、分析文章的内涵的能力，逐渐扭转学生阅读古文的畏难厌学情绪。

首先，教师要综合运用文字、音韵、训诂、版本、校勘、文化常识、典章制度，以及选文所涉及的历史背景等知识，将选文内容讲深讲透，而不能走马观花式的讲授。现在古文今译的书很多，如果历史文选课仅完成今译的任务，那就失去了授课的意义。

以《诗经·豳风·七月》的讲授为例，要让学生真正读懂它，就涉及了很多知识领域。如其中“一之日觱发”一句，要说明“一之日”及“某之日”与此诗中“某月”之间的关系，就不能不提到古代的“三正说”的问题，这其中涉及许多古代的天文历法知识；讲“觱发”一词，也不能仅说明是“风寒貌”或“寒风触物声”，因为这样并不能让学生真正理解词义，更不能收到触类旁通的效果。要讲清楚什么是联绵词，让学生了解古代有大量来自于民间口语的联绵词，其最基本的特点是“不可分释，其义在音”，且多数是用来描摹事物的声音、形态的。而要说明“觱发”属双声词，还涉及钱大昕的古无轻唇音之说[①]。又如：解释“塞向墐户”的“向”、“户”，都涉及了文字学的知识，如果不向学生展示“向”的甲骨文字体，学生就很难真正信服《毛传》“北出牖也”的解释；如果不介绍“户”的甲骨文字体及其后来演变，并辅以《说文》“半门曰户”的解说，学生就很难从内心里接受“户”的本义是“门”而不是“窗户”。

又如“八月剥枣”一句，据宋人洪迈说，王安石撰《诗经新义》曾将此句解释成“剥者，剥其皮而进之，以其养老也”，直到后来“步至民家，问其翁安在。曰：去攴枣”，这才悟出“剥”当为“攴”的通假字[②]。从上古时期轻重唇不分的规律来看，古“剥”、“攴”音相通，“攴”字在甲骨文中的字形，是以手持棒之状，引申有轻轻敲打之意，《说文》释其字云“小击也”。其实《毛传》已释“剥”为“击也”，《经典释文》注其音为“普卜反”，正是为了说明此字为通假字。而王安石当初却忽略了古注，绕了一个大圈子，反而闹出了笑话。通过这个例子的讲授，既可使学生懂得综合运用文字、音韵、训诂学的知识来解读古文献的重要意义。也使学生真切地感受到了重视古注的重要性，在潜移默化中接受读古书的基本方法。我认为这对学生日后独立阅读古代史书史料是极有益处的。

还有，诗中叙述当时人们养蚕、纺织、狩猎、酿酒、修屋、藏冰、祭祖、下场诸事，以及诗中大量的民谚在当时所具有的“以知天时，以授民事”[③] 的实用价值，都涉及古代的文化常识，结合这些文化常识把这些内容讲深透，才能使学生走

---

① （清）钱大昕：《十驾斋养心录》卷五云：“凡轻唇之音，古读皆为重唇。”案：实际古音或当为轻重唇不分。

② （宋）洪迈：《容斋随笔·续笔》卷十五。

③ （宋）朱熹：《诗集传》卷八，引王安石语。

近古代社会，对《七月》所展示的周民族在豳地的劳动生活及风俗人情有了感性认识，进而认识到《七月》珍贵的文献价值。至于《七月》在字里行间所流露出农夫的辛酸，即对劳者不获，获者不劳的社会现实的揭示，更应结合周代社会历史背景来分析其思想价值。笔者认为，青年学生之所以厌读古文献，一个重要原因是没有真正读“懂”，他们借助于注释，虽然也能阅读古文献，但却往往只能得到些浮光掠影的印象，久而久之，自然会远离了古文献。所以，教师要精讲一些篇章，让学生懂得怎样才是真正读懂了古文献，改变他们对古文献的浮浅的认识，激发他们自觉学习古文献的热情。

此外，在解读选文的过程中，遇到一些有争议的解说，要有选择地提出一些问题，引导学生去探讨，何况有些问题实际上也难以回避。

还以《七月》为例。关于此诗的作者，《毛诗序》说是“周公陈王业也”，清代方玉润认为当是农夫自述，今人多从后者。而关于农夫的身份，还有奴隶、农奴、平民等多种说法。这样的问题，教师虽然不宜烦琐地引证论述，但也必须提出几种有代表性的意见，加以比较分析，确定一说，否则的话，本篇内容的讲授就失去了依托。又如，诗中“女心伤悲，殆及公子同归”一句，当代人有很多将其释为女奴的伤悲，是因为担心被贵族公子抢回家去糟蹋①。这样的解释，有很多疑点，诸如：先秦时的公子是“贵族公子”的泛称吗？女奴虽然可能没有人身自由，但女奴应有其归属，她所归属的主人有无必要去抢自己的女奴呢？如果说抢人的公子不是女奴的主人，那么，他是

① 朱东润主编：《中国历代文学作品选》、余冠英：《诗经选注》、高亨：《诗经今注》等，大都持此说。而周予同：《中国历史文选》注此句云：“据近人说，农村少女恐怕随时被贵族掳去，所以不免悲伤。”

否可以去抢非其归属的女奴呢？还有，“归”在先秦时多指女子出嫁，当然也有返回之意。但如果此处释为返回，则诗云“与公子同归”，那还有被抢的意思吗？其实，公子在先秦时特指公侯的儿女，既可称男亦可称女。《毛传》《郑笺》《孔疏》等古注对此虽未能给人明晰的解说，但都未流露出一丝贵族公子强抢女奴的蛛丝马迹。清人姚际恒《诗经通论》始提出“公子”是“豳公之子，乃女公子也”，而采桑女的伤悲是源自“将随女公子嫁为媵”。这一解释就比较合乎情理，也得到当代一些学者的认同。而贵族公子强抢女奴说，则很有可能是将后世豪强恶霸侵凌民女之事，附会到上古社会中去了。

当然，学术上的争议孰是孰非还很难定论，但教师却不能将这类争议搁置不提，或简单地择其一说了事。现在的大学新生最令人担忧的是思想上的僵化与盲从。他们在高中期间忙于应试，最关心的是标准答案，唯欲知其然而不问其所以然。我们应该让学生看到知识领域中更为广阔的天空，以便开启学生的头脑，使之尽快地适应大学的学习生活。

为达此目的，我还让学生就教师提出的有争议的问题，择选其一，尝试撰写学术短文，为了不使学生因不熟悉论文写作而无所措手足，我事先将论文选题原则、查找资料的方法、撰写论文的基本要求、论文的格式等明示学生，学生有了基本的写作方法和规范，对撰写论文就会产生兴趣。带着撰写论文的任务再去听课，无形中又引发了学生听课、参与课堂讨论的兴趣。实践证明，只要教师引导得当，学生绝大多数都能够较好地完成任务。就学生已完成的论文来看，如《“牧野”是地名吗?》《〈七月〉之“公子”考》《生男赐犬生女赐豚考》《“亿有三千”是多少人?》《“齐冠带衣履天下”正解》《“千金之子，不死于市”释义》《“计然”考》等，尽管稚气十足，但绝大多数学生态度认真，热情高涨，少数学生还显示出了他们良好的科研潜质。更重要的是，通过这种形式，潜移默化地在他们的心中已种下了学贵善疑的种子，使他们养成了善思考、喜钻研、刻意创新的意识，增强了自觉研读古文献的兴趣。

以上就是我所说的历史文选教学之“精”的大致内涵，我认为教师只有通过各种教学手段将选文讲深讲透，并且引导学生参与研读，才能对学生阅读古文献起到典型示范作用，使其收到触类旁通、举一反三之效，也有助于激发学生自觉阅读古文献的兴趣。在当前教学时数严重不足的情况下，这种精讲方式尤显重要。

二、历史文选教学中的“博”

这里说的“博”，指的是在教师运用教学手段上，指导、督促学生尽量扩大古文献阅读量。古人云：“读书百遍其义自见。”① 这话当然有一定的片面性，但以我个人的经验来看，如欲真正提高阅读古文献的能力，多读、熟读，无论如何是不可缺少的环节。近年来主干课课时的不断压缩，其初衷是欲将课堂讲授时间还给学生自学。但如果我们不能真正做到指导、督促学生自学，就不能达到预期的效果。就历史文选教学而言，仅凭蜻蜓点水式的讲几篇选文，没有一定量的积累，根本达不到教学目的。正如有的历史文选教师所言，“因课时所限，文选课只能选取其中若干篇文章进行教学。如果我们仅仅停留在这个水平线上，是远远不够的。必须让同学们充分认识到，

① 《三国志·魏志·王肃传》裴注引《魏略》载王肃语。

在学好这门课程的基础上，自觉地独立地学习文选以外的大量文言史料，这是一件长期繁重的任务。只有多读、多练、多思，才能有所收获。”[①] 所以，教师要采取一些措施，督促学生充分利用自主学习的时间，而不能对学生的课后学习采取完全放任的态度。因为学生中有自主学习意识的毕竟是少数。如何做到督促学生课后大量地阅读古文献，我认为可以采取如下一些措施。

第一，加强对指导阅读的篇章的指导与督察。文选教材的选文一般都有一些阅读障碍较少且篇幅又很长的选文，如《三国志·诸葛亮传》《通鉴纪事本末·安史之乱》等，这样的篇章可以布置学生课后自行阅读，并让学生以书面作业的形式提出阅读难点，教师课堂集中讲授学生提出的难点。这样讲授更有针对性，学生听课精力也更集中，更重要的是，可以以少量的课时，指导学生阅读大量的选文。不过，对于学生的自读，教师要事先提示阅读要点，还要利用各种教学手段进行督促检查，譬如用课堂提问或课堂小考等方式进行抽查，抽查的成绩要在期末考试成绩中占有一定的比例，以避免学生将指导阅读内容当成了可读可不读的部分。

第二，指导学生阅读教材之外的文献。教师可以倡导学生每学期自行读一部书，如《史记》《左传》《诗经》等。不过，学生要应付各科考试，特别是外语的学习占用了大量时间，在一学期内让学生阅读一部书，除少数原本古文基础较好、对史书十分感兴趣的学生之外，鲜有能真正完成任务的。如果布置任务绝大多数学生完不成，这个任务也就只能是流于形式。但

① 吕志毅：《关于中国历史文选课教学的几点思考》，《中国历史文选教学研究》第三集，34页，兰州，甘肃文化出版社，1998。

是，规定学生必须阅读一些经典篇章是完全可行的。任何一部文选教材中都不可能涉及所有的经典篇章，譬如我院所选用的教材是周予同的《中国历史文选》，教材中没有涉及的篇章如《左传》中的《郑伯克段于鄢》《齐晋鞌之战》《晋灵公不君》《重耳之亡》《烛之武退秦师》；《史记》中的《淮阴侯列传》《项羽本纪》《李将军列传》；《诗经》中的《豳风·东山》《卫风·氓》《小雅·采薇》《大雅·緜》；《战国策》中的《冯谖客孟尝君》《触龙说赵太后》《苏秦始将连横》以及刘知几的《史通·疑古》《新唐书·魏征传》等，都是古文献中的精华，为了达到布置任务的目的，要将这部分课外阅读篇目列入期末考试范围，我一般都在试卷中单列“课外阅读考查”部分，成绩至少要占到25%以上，用考试这个杠杆，“逼”学生必须去读，学生被“逼”的结果，既加大了课外阅读量，也培养了他们日后课外阅读的意识。当然，课外阅读对于绝大多数的新生来说，仍有不小的难度，故教师仍然要采取措施进行辅导。多媒体、网络平台这些现代化的手段，都可以充分利用，或集中答疑，或提供辅助阅读资料，确保课外阅读不流于形式，让学生真正能按要求去读，而且能读有所获。

第三，历史文选教学当与中国古代史教学形成互动。即历史文选教师在讲授选文时，要有意识地与中国古代史教学内容相联系，例如，《尚书·牧誓》所记载的武王伐纣的时间、地点、参战的西方各部族名称，以及武王演说辞中所反映出的当时的社会意识形态、军纪、战术；《史记·秦始皇本纪》所记载的秦始皇焚书坑儒的具体时代背景及内容；《后汉书·党锢列传》记载的党锢之祸形成发展的过程极其复杂的成因等，这些都是古代史课程讲授内容的原始依据。教师在讲授这些内容时，有意识地提问学生古代史课上学到的相关内容，就会使学生切实感受到正确解读古文献资料的重要意义。另一方面，历史文选教师还应主动与古代史任课教师沟通，寻求配合。古代史教师在授课过程中，也要加大原始资料征引的力度，并且利用教学手段督促学生课后自觉阅读史书。譬如，在期末考试中文献资料解读应占有一定的比例。只有如此，才能使学生一直保持状态，巩固乃至扩大历史文选的教学成果。

以上就是我所说的历史文选教学方法上的“精”与“博”。不过，真正欲将此教学设想落到实处也并非易事。一方面，对于历史文选任课教师来说，既要有高度的教育责任感，又须具备通识之才；另一方面，在课程建设方面，还须得到有关领导的支持。以我们学院为例，连续几届学生阅读古文能力的下降，论文中古文引用的错讹，以及在毕业论文选题、考研等方面有意回避解读古文的现象，已经引起我院领导的高度重视，从本学年始将历史文选课改为两学期制，课时也相应增加，并且已酝酿在古代史授课中加大古文献资料解读内容，这些都给学生大幅度提高独立阅读史书史料的能力带来了新的希望。

关于加强中国历史文选教学实践环节的思考

徐州师范大学　杨绪敏

历史文选教学一般侧重于要籍介绍、字词句的解释和串讲，却往往忽视了教学实践这一环节。教学实践环节之于历史文选教学的重要性是不言而喻的。近年来在全国高校文科教学评估的过程中，人们发现在当今的大学生中普遍存在着重记忆、轻思考、懒动手的不良倾向，许多大学生在学习的过程中习惯于课堂记笔记、课后背笔记、考试考记忆的学习方式，这在很大程度上束缚了大学生主观能动性的发挥，使大学生学术视野狭窄，分析问题和解决问题的能力低下。学生在撰写毕业论文时，不知如何选题，怎样搜集和鉴别资料，如何运用资料展开论述。这种现象的普遍存在，无疑给我们敲响了警钟：高校文科教学必须重视教学实践环节，重视学生动脑、动手能力的训练。

长期以来，大多数院校对于历史文选教学实践环节往往不予重视。考查其原因主要有二：一是受历史文选课时量限制。由于近十年来公共课的不断增加，在一定程度上压缩了专业课的课时量，历史文选课课时量也相应的被压缩。以作者所在学校为例，恢复高考以来，我校原设计的教学计划规定：历史文选课每周4课时，共开设两年。总学时达到280多个，经过几次教学计划调整，如今是每周平均2.5课时，共开设一年，总学时为78课时。课时量的大幅压缩，使得教师在落实教学实践环节上缺少应有的时间保证。二是任课教师在教学理念上缺少对教学实践的认识。很多任课教师认为，历史文选课的教学主要侧重要籍介绍、字词句的解释和串讲，特别要重视字词的落实，教会学生懂得看哪些书，以及懂得相关史料即可，实际上这种认识是片面的。历史文选课不仅要引导学生阅读史学原著，更重要的还要引导他们鉴别史料、分析和研究史料，不断提高他们的分析问题、解决问题的能力。

怎样进行历史文选课的教学实践？我以为该门课的教学实践不同于中国通史、世界通史等其他课程的教学实践，主要应当侧重以下几方面。

一是加强古文句读、注释练习。新入学的大学生虽然在初、高中阶段学习了不少古典文学名篇，掌握了一定的古汉语知识，但这对于未来主要从事历史教学和历史研究的专门人才来说是远远不够的。学生在入学后往往反映看竖排版的古书不适应，繁体字、异体字看不懂，尤其看不懂未加标点的古书。因此加强古文句读、注释练习是十分必要的。在教授历史文选教材内容的同时，要有意识地通过课堂或课后作业的形式，让学生为不熟悉的史料加标点和注释。作业中的史料最好采用繁体字、竖排版。古人云：“学识何如观点书。”通过这种训练，使学生掌握工具书的使用方法，逐步适应对史学原著的阅读，并能正确地为古文加标点，不断提高学生阅读古文献的能力，为今后的科研工作夯实扎实的基础。

二是培养学生搜集和鉴别史料的能力。梁启超曾指出：“史学较诸他种学科，其搜集资料与选择资料实最劳而最难。

史学成就独晚，职此之由。”[①] 中国历史文选课中讲授“要籍介绍”的内容，其主要目的就是要引导学生懂得看哪些书，了解这些“要籍”的基本情况。仅此还不够，还要注意引导学生关注“文字记录以外”的史料，即如梁启超所云：“现存之实迹”、“口碑性质之史料”、“遗下之古物”等。[②] 因此可以根据各地实际情况，安排学生参观博物馆及各种史迹遗存。以我校为例，我们平时经常利用周末、节假日等有目的地安排学生参观考察徐州博物馆、楚王陵、徐州汉画像石馆等。每年都组织学生到西安、洛阳或到北京参观考察，如：秦始皇兵马俑博物馆、华清池、法门寺、碑林、关林、龙门石窟、国家历史博物馆、故宫、长城、圆明园、卢沟桥等著名博物馆及文化遗址，增强学生对历史的感性认识，使学生深刻理解在搜集史料过程中“征文考献”的重要意义。

在对某一“要籍”介绍或选讲的过程中，我们常常先设计一些课题，引导学生去查找相关资料，并对这些资料进行初步鉴别、分析和综述。比如在介绍司马迁《史记》的过程中，可以引导学生通过阅读《史记·太史公自序》《汉书·司马迁传》等相关篇目，去分析研究司马迁在撰写《史记》的过程中，是如何“征文考献”，搜集和鉴别史料的？通过这种实践，一方面培养学生的动手能力，扩大自己的知识面；另一方面使学生从司马迁撰写《史记》的过程中，学得如何搜集和鉴别、运用史料的方法。我们还借鉴了陈垣先生当年在北平师范大学、辅仁大学、北京大学讲授“史源学实习”的范例，“择近代史学名著一二种，一一追寻史源，考证其讹误，以练习读史之能

① 梁启超：《中国历史研究法》，上海，华东师范大学出版社，1996。

② 同上。

力，警惕著论之轻心”①，引导学生有计划地阅读顾炎武《日知录》、赵翼《廿二史札记》等史学名著，锻炼学生归纳史料、鉴别史料的能力。

有时要在教材基础上适当扩大史书的介绍范围。比如在介绍明代史学著作时，除了介绍《明史》《国榷》等主要史著之外，我们还介绍了关于明朝外国史地研究的著作，如巩珍《西洋番国志》、费信《星槎胜览》、马欢《瀛涯胜览》（三书均有中华书局标点本、四库存目史部第255），关于日本的研究有薛俊《日本国考略》（四库存目史部第255）、蔡汝贤《东夷图像》《东夷图说》（四库存目史部第255）、李言恭、郝杰《日本考》（中华书局，四库存目史部第255）。另有严从简《殊域周咨录》（中华书局）、张燮《东西洋考》（四库全书）等。再如介绍明代边防史研究的著作，如许论《九边图论》（四库禁毁书目）、魏焕《皇明九边考》（四库存目史部第226）、采朱德《倭变事略》（中国历史研究资料本）、郑若曾《筹海图编》（四库存目史部第277）、王士骐《皇明驭倭录》（四库存目史部第52）、王在晋《海防纂要》（北京图书馆古籍珍本丛刊）、徐日则《五边典则》（四库禁毁书目史部第25）、张燧《经世挈要》（四库禁毁书目）。引导学生有目的地去研读这方面的著作，鼓励学生或就某一部史学著作进行深入研究，或从宏观上对明代关于外国史地研究、边防史地研究状况进行研究，并设计相关的研究课题，为今后从事毕业论文的撰写打下基础。

三是培养学生分析问题、论述问题的能力。我们在讲解一篇选文时，不能仅限于字句疏通，而应该在讲解明白的基础上，引导学生去思考问题。比如在讲授《秦始皇本纪》时，可

① 《陈垣史源学杂文》，前言，北京，人民出版社，1980。

设计一些讨论题，如“怎样评价秦始皇焚书坑儒?”“为什么秦始皇明令禁毁的书至今大都保留下来？而明令不禁毁的书至今一本都没有保留下来?”引导学生去查找郑樵《通志·校雠略》“秦不绝儒学论”、康有为《新学伪经考》“秦焚六经未尝亡缺考”等前人之论述，作深层次的思考。在讲授郑樵《通志·总序》时，可引导学生就郑樵关于对司马迁《史记》“博不足”、“雅不足”的批评和对班固“全无学术，专事剽窃”的指责发表自己的意见。通过这种引导去开启学生的科研兴趣，培养学生勇于探索的精神。

在课时量普遍偏少的情况下，怎样才能保证教学实践环节的落实？我认为教学实践的形式是多种多样的，“历史文选”课的教学实践主要有课堂练习和课外练习两种情况，而形式上可采取课堂提问、讨论和课外作业、撰写小论文等方式。在课时量偏少的情况下，可尽量采用课外练习的形式，也可发挥多媒体教学手段，在网上与学生互动。但不管采用怎样的形式，教师首先要做好充分准备，就讨论的某一问题，搜集资料，明确观点，否则自己心中无数，任凭学生发表议论，最后无法作出正确的结论或正确的引导。

中国历史文选教学中的传统学养与地方特色

——从东北史学巨擘金毓黻的读书治学谈起

黑龙江大学、华中师范大学　霍明琨

历史文选课程是各大高校历史系的必设科目，历来被认为是史学人才培养环节中的基础课、主干课。作为史学研究入门的工具性科目，它承担着培养治史兴趣，提高史学素养，掌握研史方法的重要任务。然而在具体教学实践中，常常出现两种不尽如人意的现象：一是教师难以在受时数限制的教学环节中充分展开讲授研治史学必须具备的传统学养；二是学生往往粗通很多历史要籍却对生长于斯的乡邦舆地之学毫不知晓。如何在现代教育体制及改革中吸收发扬传统史学研究的良好方法和精华，结合地方特色，是历史文选教学改革的重要任务之一。笔者近日研读东北近代史学巨擘金毓黻撰写四十年不辍的《静晤室日记》，深受一代史家读书治学之路的启发。今天的历史文选教学改革应该从中吸收借鉴有益之处，为培养功底坚实、爱国爱乡的新型史学人才作出贡献。

一、培养博综深厚的史学素养

金毓黻先生学有渊源，学养深厚，他1944年在四川三台东北大学近代史研究学社讲学时说道："余之治学途径，大约谓始于理学，继以文学，又继以小学，又继以史学。"①

这是金先生对其前三十年治学道路的总结。金毓黻早年从治理学入手，精熟宋以来理学著作，"渍于义理者甚深"，"故于任事事人，皆守皎然不欺，蒙难而贞之义"；② 理学修养不仅成为其治学之基，而且是其立身之本。"自戊申（1908年）迄壬子（1912年），则喜购古文家专集。"③ 在他22岁至26岁期间，勤于文学修习，又打下了深厚的古文基础。他主张研究史学必须以文学辅之，认为史之文字尤其应该"翔实高简"，既要"雅而能健"，又要"举重若轻"，此外不能有"格格不吐"之病。在27岁至36岁期间，他逐渐注重研究文字、音韵、训诂之学。金毓黻就读北京大学时，师承国学大师黄侃，同时又受朴学大师章太炎影响，汲取了古文经派的治学方法。他不仅推崇章氏"实事求是"、"以治史的方法来治经"，④ 将语言文字与考古文物并视为史学两大资料来源、力求实证的观点，而且将其进一步阐发，认为文字之学是"读古书之门径，

① 金毓黻：《静晤室日记》，前言，6页，沈阳，辽沈书社，1993。

② 同上。

③ 同上。

④ 章太炎：《说新文化与旧文化》，载《太炎学说》，《章氏丛书》，扬州，广陵古籍出版社，1981。

不得其门则无以晓其理、知其事。”① 有了以上循序渐进的学养积淀，金毓黻先生直到37岁以后，才完全将治学兴趣和重点转向研究史学。他对清代史学家钱大昕推崇备至，称其“于史籍致力最深，旁及舆地、金石，致为精绝”，“为乾嘉间学者首屈一指”②。金毓黻先生治史之初，即采用钱氏治学路径，用治经之法以治史。他在日记中写道：“余之研史，实由清儒。清代惠、戴诸贤，树考证校雠之风，以实事求是为归，实为学域辟一新机。用其法治经治史，无不顺如流水。且以考证学治经，则等于治史。古之经籍，悉为史裁，如欲究明古史，舍群经而莫由。”③ 正是基于以上的严谨治学和坚实基础，金毓黻先生出版了《中国史学史》《宋辽金史》《辽东文献征略》《东三省丛编》《渤海国志长编》《奉天通志》《辽海丛书》《东北通史》上编等大量的专著和文献，成为史学界的一座丰碑。

从金先生的治学之路可以看到，他以理学、文学、小学为根基，再去治史，收到了“交济其美之效”。④

诚然，金毓黻所取得的成就非一朝一夕之功，其长达几十年的治学之路和深厚的研史工夫，也不是短短一个学年的历史文选教学所能完成和达到的，但是这位史学大家的读书治学却可以给我们一个启示：在史学人才培养中，夯实传统学养、注重传统学养是非常必要的。今天，从各高校历史学科的整体设置和布局看，作为历史学入门工具课的历史文选课程涵盖了理学、文学的诸多内容，如果能够充分挖掘利用这门课程的基础性、综合性，将会为整体历史研究打下坚实的基础。

---

① 金毓黻：《静晤室日记》，前言，8页，沈阳，辽沈书社，1993。

② 同上书，10页。

③ 同上。

④ 同上书，6页。

我们注意到，多年来出版的很多历史文选教材都注重了理、文、小、史内容的综合分布。但是付诸实践时，高校却往往因各自情况的差异，教学效果难如人意。具体而言，有以下几个方面：一是教改课时缩减，文选教学内容不得不删减，而有些内容就干脆不讲了；二是教师能力所限，无法深入讲授理学、小学等方面的基础知识；三是学生基础参差不齐，难以拓广讲授深度。

笔者在教学环节中也遇到了以上诸多情况，为了既能结合地方综合性院校的具体实际，又能在有限的课程结构和时间内最大限度提高学生的史学素养，并引导他们在以后的学习研究中进一步有目的地提高基本学养，我采取了以下做法：

“课内删减课外补”法：将限于教学时数缩减的内容以课后作业、查找资料、研究报告、课前演讲的形式变化出来，尽量弥补教学内容不够充实的缺憾，同时也有助于锻炼学生自主学习的能力。这样，就将许多在课内教学环节无法讲授完毕的理学、文学、小学、史学的内容以另一种形式补充进来，并且通过学生的自主读书、查阅，进一步加深印象，收到良好的效果。

“系内缺失系外学”法：对于本院系历史文选课教师难以讲深讲透的理学、小学等内容，建议、鼓励学生去相近专业或院系开设的古代汉语、音韵学、训诂学、甲骨学等专门课程听讲，或者结合具体情况选修。这样就将一门单一的课程辅以无数精细深湛的分支，将一本书扩大为无数本书，一门课延伸为无数门课。使学生在研史入门之初，就能够尽可能地拓展视野，加深学养，为日后成才夯实基础。

“普遍施教重点培养”法：针对扩招后学生基础参差不齐，难以统一讲授深度，及学生兴趣爱好不一，难以提高要求标准的情况，在开课之初即提供几种不同层次的目标选择。对于那些基础一般、或者以后志在非中国史方向的学生，要求他们能够掌握基本学习篇目、达到基本教学目的即可，不作强求；而对于基础较好，有志于以后在这一方向继续求学的学生，则要求他们精研细读所有篇目，通过多种方式加强史学素养，提升研史能力，以形成博综深厚的学养基础。

金毓黻先生言："学贵博综，治史尤要"因此，密切结合历史文选教学，拓广加深学生的史学素养，将具有重要的意义。

二、陶冶忧乡爱国的史家情怀

金毓黻先生是东北史大家，其治东北史的缘起，与忧乡爱国的情怀密切相关。他早年在日记中即写道："……今人竞言爱国，不知爱国须自爱乡始；又竞言保存国粹，不知保存国粹须自刊刻先正遗著始。"因此他在年轻时即开始研究东北文献，辑补史料。

日俄战争以后，日本军国主义网罗一批御用学人编写了《满洲历史地理》，意在摸清东北史的家底，以利吞并。金先生在《东北通史》引言中说："今日有一奇异之现象，即研究东北史之重心，不在吾国，而在日本，是也。姑无论其用意若何，所述有无牵强附会，而其搜材之富，立说之繁，著书之多，亦足令人惊叹……是其影响之巨，遗患之深，岂待今日而后见。此由吾国向无此类精详之专书，可供世界学者之考览，而国人忽略史事，研究不早，亦其一端也……失之东隅，犹可收之桑榆。然则研究东北史，其可缓乎？"他治学的目的之一就是让时人了解东北历史，唤起其爱国热忱，激励人们收复故土。他说："不佞世居辽东，基于忧乡之心，研究东北文献，积有数年"。表明自己研究东北地方史，出于对日寇侵略我国东北之愤慨，"意在整理史料"，恢复历史原来面貌，"藉以就正当世"，力矫异国人别有用心，积非成是之弊；同时在治学过程中，他不以古史自囿，重视史料积累，言必有据，不尚空谈，开启了中国东北史研究的严谨求实、经世致用之风。

金毓黻基于忧乡爱国之心的治学历程也同样给我们从事历史文选教学者以一定的启示。纵观现在的历史文选教材，多以时代为序，经史子集、理文小史兼采，以适应各大高校通用。这种编排原则固然能够全面覆盖历史要籍，使学生掌握典籍概貌，但是也的确有难以揭示地方特色、缺少乡邦舆地之学的遗憾。尤其高校教育教学中，一直在进行加强学生外语能力、计算机能力的实践。然而高校学生基本历史文化素养的缺失现象非常严重，不了解中华民族的悠久文化和优良传统，不熟悉自己家乡的历史和发展，这些缺憾不是大学语文课程和思想政治课程、马列主义原理等公共选修课程所能解决的。在各省市争相挖掘、保护、利用地方物质文化、非物质文化遗产资源的热潮之中，地方历史人才的缺乏是非常明显的例证。如何弥补原有课程体系的不足，在传统的历史文选教学中合理、适当地加入具有地方历史文化特色的篇目，多角度地引发、加强学生的历史文化素养，培养既具有牢固的专业基础知识，又热爱家乡、热爱祖国的优秀人才，是各地高校历史教学改革中需要迫切关注的内容。

以笔者所在的黑龙江地区为例，人们一般认为黑龙江地方原是荒蛮之地，没有什么历史文化可言，但实际上黑龙江较为悠久的历史积淀了丰厚的历史文化资源。早在17.5万年前，就有古人类活动，自商周以来就与中原王朝建立了联系，历史上黑龙江地域上的民族曾几度入主中原，两度建立中央王朝，孕育了独具特色的“鲜卑文化”、“渤海文化”、“金源文化”等，并保留下三江平原挹娄汉魏遗址、渤海上京龙泉府遗址、金代上京会宁府遗址、金长城遗址等重要的文化遗址。总体而言，北方世居少数民族风情和丰富的非物质文化遗产，流人文化、移民文化、中外交流文化是其独有的地方文化特色。同时由于地域和历史文化特点，黑龙江省造就了一大批优秀的文化人才和文化名人，如渤海文化时期的杨泰师，金代的洪皓，清代的吴兆骞、方拱乾，清末民初的杨小楼、王鸿寿等。

自 2006 年始，“黑龙江历史文化保护挖掘与利用”被列为黑龙江省思想文化战线首批启动的一号课题。省委宣传部提出“开发建设文化大省”，“挖掘、保护、利用黑龙江省物质文化、非物质文化遗产资源”的号召。兴建黑龙江省历史文化事业及各项建设事业，不仅需要大量的历史文化领域的专业人才，更需要培养大批具有较高历史文化素养的优秀学子。因此，如何在高校中，尤其是在历史文选教学中加强历史文化素养教育，更成为新的历史时期教育工作者的重要任务。

在教学实践中我发现，很多生于黑龙江、身在黑龙江大学历史系学习的学生对于历史悠久、丰富独特的黑龙江地域文化也不甚了了。针对这种情况，我结合历史文选教学进程，鼓励、建议学生关注、查找、踏访地方历史文化遗产资源，增强感性认识，培养爱乡爱国的史家情怀。如在讲授《资治通鉴·淝水之战》时，即利用选文中提到的慕容垂的内容，让学生借此查找鲜卑历史，了解到西晋时期鲜卑分为三大支部。东鲜卑有段部、慕容部、宇文部等；慕容部的慕容皝创立大燕国，史称前燕。前燕亡于氐人苻氏的前秦。慕容恪的弟弟慕容垂降前秦。公元 384 年，在前秦淝水之战败于东晋之后，慕容垂复国建立燕国，史称后燕。后燕后被鲜卑拓跋氏的北魏击溃。后燕慕容德成立南燕。南燕也被北魏所灭。北鲜卑有著名的拓跋部，以及与其多次交战的柔然。公元386年，代国后代拓跋珪自称代王，建立北魏。北魏后来统一中国北方，在南北朝初期与南朝对立。北魏后分裂为东魏和西魏，之后分别被北齐和北周所代替。柔然与南北朝时期统治中原北方的北魏拓跋氏多次交战。柔然被突厥系民族击败后，分为南北两支。柔然的南支逃到辽河上游，成为契丹人的祖先之一。北支逃到雅布洛诺夫山脉以东、外兴安岭以南的地区，是室韦的祖先。室韦是蒙古人的祖先之一。

在讲授有关唐代史事的诸多史籍，如《通鉴纪事本末·杨氏之宠》、柳宗元《封建论》、吴兢《贞观政要》时，让学生查找有关唐代历史变迁、行政制度等方面的辅助文献资料，并且有意识地让他们注意同样处在唐代，盛唐时期东北地域的“海东盛国”渤海的兴亡经过，借以了解黑龙江流域的历史文化。又如在讲授有关金、清的选文时，引导学生同时关注女真族的历史与文化等。

通过在历史文选教学过程中有意识地引入具有地方历史文化特色的文献资料，学生们不仅可以全面掌握历代重要史籍，还可以了解不同历史时段中乡邦故土的史事与史料，能够一举两得，收到提升传统学养与增强爱乡爱国情怀的双赢效果。

当然，如何在教改大潮风起云涌的今天，在历史文选教学中既注重传统史学修养的塑造、又善于吸收西方先进的史学方法，同时兼顾到地域文化特色，弘扬中华民族悠久历史和文化，是非常不容易的，但是无论前路如何漫长修远，也不会阻挡有志于此者的上下求索之行。

新课程体系下中国历史文选课程教学方法的探索

临沂师范学院　王厚香

我们学校根据当前社会与本专业发展的实际，从学生就业的需要出发，近几年来逐步进行创新课程体系的建设。新的课程本着应用型人才的培养与国际化课程建设的需求，设置相应的培养方向，设置许多方向性的课程，注重专业实践技能的培养。由此，一些传统学科的基础性课程的学时逐渐减少，就拿历史学专业的中国历史文选课程来说，教学时间由过去的108学时逐步减少到72学时、64学时，直到现在的48学时。在教学时间大大减少的同时，如何能够保证教学质量，达到教学目标，成了中国历史文选课教师需要克服的一个难题。

笔者从事中国历史文选课程的教学已经有10年时间，这10年正好是我们学校大幅度改革的10年。在教学时间逐步减少的过程中，如何适应现实状况，同时又尽可能圆满地完成教学任务，笔者在教学方法方面做了许多的尝试与探索。以下是笔者的几点体会：

第一，充分利用有限的课堂教学时间，通过典型文章的示范性教学，培养学生辨识繁体字、阅读理解文言史料、分析与运用史料的基本能力。

在中国历史文选课程的学习中，学生首先要过繁体字关，因为目前中小学期间学生很少接触繁体字，对繁体字很陌生。历史学专业的学生，如果不过繁体字关，即使古汉语知识学得再好，在古代文献史料面前也是寸步难行。因为不仅旧版古代文献皆为竖排、繁体，即使新版古代文献也有不少仍是竖行、繁体的排印形式，此外，还有一些是未经整理的影印本。因此，我在教学中把辨识繁体字作为扫除阅读古代文献障碍的第一关，要求学生人手一本古汉语字典，找出《史记》《资治通鉴》等史学名著当中自己感兴趣或是熟悉的历史人物、历史事件的相关篇章，集中阅读、辨认，尽快熟认繁体字。经过一个多月的强化练习，大部分学生基本上能够扫除繁体字的障碍。

中国历史文选课首先是一门语言课，主要培养学生阅读和理解文言史料的能力。但中国历史文选课程的教学又不同于中学阶段语文课中的文言文教学，学生仅仅能够从字句方面进行翻译课文是远远不够的。中国历史文选课是一门交叉性很强的学科，它与古代汉语、中国古代史、中国史学史、历史文献学、中国古代文化史等课程关系十分紧密。中国历史文选课尽管也把古汉语基本知识纳入教学内容，但只要求学生能以这些知识为基础，去解决阅读古籍中的字、词、句的理解问题。中国历史文选课的教学目的，更为根本的还是在于通过阅读古代文言文史料，培养学生分析和运用史料的能力。

中国历史文选的选文内容与中国古代史紧密结合，所选文章大都是具有重要史料价值的文章，因此，教学内容必然要涉及史料价值问题，课程教学应当包含教师对史料的分析与运用的示范。在准确理解文献内容的基础上，进一步分析与运用史料，即培养学生分析、运用一般文言文史料的能力，这是该课程的重点，也是难点。笔者的做法是：在重点讲授一篇选文之后，针对选文的内容，精心设计题目，引导学生分析选文的史料价值，并结合中国古代史课程和其他相关历史典籍，学习运用所学史料分析历史问题。比如，在讲授《尚书·牧誓》一文时，在串讲完课文的字句意思，学生理解课文内容之后，针对课文的内容提出问题：（1）文中周武王列举的商纣王的四大罪状是什么？（2）以我们今天的眼光来看，你认为这些罪状能不能构成武王伐纣的理由？（3）根据本文，结合《中国古代史》所学和其他历史典籍的记载，分析商被周灭亡的原因。第一和第二个问题作为课堂讨论的题目，让学生自由发言，这样不仅能够加深学生对课文的理解，活跃课堂气氛，而且还培养了学生分析、鉴别史料的能力。第三个问题留作课后作业，写成一篇小论文，要求有论有据，至少引用三部典籍的记载。这样既能够使学生尽可能多地阅读有关武王伐纣这一历史事件的古文献记载，又能够培养学生运用古文献分析历史问题的能力。

第二，增加课外学习时间，有针对性地加强学生实践技能的指导，培养学生独立阅读、分析与运用史料的能力。

课外学习是课堂教学的延伸，在课堂教学时间大幅度减少的情况下，课外学习就变得尤为重要。只有课堂上老师的通篇串讲或者进行史料分析的示范，而没有学生的亲自实践的话，往往会出现学生在课堂上听老师讲解时什么都明白，而一旦自己独立阅读就难以正确分析语言现象、完全理解文言文史料的情况，更谈不上分析、鉴别和运用文言文史料了。所以仅靠课堂上老师的讲解，哪怕课时再多，也是无法达到中国历史文选课程的教学目的的。在加强学生的实践技能训练方面，历史文选课教师们采取了很多行之有效的方法。

有的教师在教学中根据地方史料丰富的特点，充分利用地方史料来训练学生的实践能力，如带学生参观石刻，给学生讲解石刻的来历、特点、史料价值，指导学生对石刻铭文进行标点、翻译，进行史料价值的分析。这样做既开阔了学生的眼界，又让学生真切地体会到了学习历史文选课的意义，自然会增加学习这门课程的兴趣。①

有的教师从前四史或《资治通鉴》中选取部分段落，让每个学生负责一段，要求学生查阅史籍原著校对原文，注释选段中的字、词，词包括人名、地名、职官、典故等，然后全段翻译，并分析选段的史料价值。这对于激发学生学习的主动性和积极性是很有帮助的。②

笔者的做法是：利用现代网络方便快捷的特点，在学习每一篇选文前，提前两三周将课前预习与课外阅读、练习的要求发到本门课程的公共邮箱里。让学生根据要求预习课文，将学生能够自己解决的一般的字、词的障碍先行解决掉，节省课堂上串解课文的时间。同时让学生有充裕的时间，根据自己的情况有计划地安排课外阅读，避免每次都课后布置、学生难以保证阅读的时间。课外阅读的材料主要有两大类，一类是与历史文选课相关的古汉语知识专题，如汉字的构造、词类的活用、古汉语的特殊词序、如何标点古文献、古文今译的原则与方法、史料分析举例、古代职官制度简介、目录版本和校勘常识等，这样不仅可以帮助学生提高文言文知识素养，也为他们日后阅读和运用文言文史料奠定了方法基础；另一类是需要学生阅读的文言文史料，一般是选取那些与所讲选文在内容、历史

① 韦勇强：《〈中国历史文选〉课程教学改革初探》，载《广西高教研究》，2001 (3)。

② 刘新慧：《关于高校〈中国历史文选〉课程教学的两点思考》，载《内蒙古农业大学学报（社会科学版）》，2008 (6)。

背景上有一定关联或者是在体例上能够补充课本选文的不足的篇目或选段，可以围绕课文形成一个专题系列，让学生了解除了课本上的选文之外，相关历史问题还有其他丰富的资料，从而帮助学生学习史料的排比和分析的方法，形成全面运用史料的初步意识。在每一段史料之后，都布置一些相关的题目，包括注释选段中的字、词（词包括人名、地名、职官、典故等），翻译段落，进行史料价值分析等。这样过去传统教学中很多需要老师在课堂上讲解或解决的问题，都安排到课外由学生自己解决，这就既解决了教学课时减少与教学任务繁重之间的矛盾，又符合新时期研究性教学方法的要求，同时又锻炼了学生独立解决问题的能力，培养了学生自觉学习的习惯。

由于采取上述做法，在教学课时大幅度减少的情况下，我们也能较好地完成中国历史文选课程的教学任务，取得了较为满意的学习效果。

新形势下中国历史文选课教学方法改革之我见

陕西师范大学　王雪玲

中国历史文选始于20世纪20年代陈垣先生在北京大学开设的史学名著选读和史学名著评论两门课程，20世纪50年代以后，根据历史学科的教学需要，各高校历史专业陆续开设“历史要籍介绍及选读”或“中国历史文选”课程，并将它确定为主干基础课。长期以来，“中国历史文选”的教学方法一直沿用传统的教学模式，“教学方法比较陈旧，主要以讲述法注入式为主，现代化教学手段多媒体教学很少采用或基本不采用。普遍重视记忆性知识的传授而忽视智力的开发和能力的培养，普遍忽视文选课程教学中的课外活动环节。”

半个多世纪以来，社会、经济的发展日新月异，教学环境、教学设备及教学对象都发生了很大的变化，特别是进入21世纪后，各高校普遍采用了先进的多媒体教学设备，极大地改善了教学环境。与此同时，教学对象与20世纪相比，无论是在知识结构还是在学习的自主性上都有了很大的不同，2008年以后，高校将逐渐成为“90后”的阵营。“90后”生长在中国信息飞速发展的年代，他们是信息时代的优先体验者。面对新生代的“90后”，高校历史学科教学面临新的挑战，以往主要以讲述法注入式为主的教学方法已经不能适应形势的变化，已有的教学模式和教学方法必须根据学科的特点和教学对象的变化做出相应的调整，因此探讨新形势下中国历史文选课教学方法的改革尤为必要。笔者从事中国历史文选教学数十年，在教学过程中积累了一些经验，也尝试着进行了一些改革，借此机会与大家分享交流。

一、学生参与

近年来，高校教学改革不断深化，强调培养学生自主学习、课堂参与及动手动脑能力的呼声越来越高。而且学生进入大学后，无论是学习环境、学习内容还是学习方法，与中学阶段相比都发生了较大的变化，新的学习阶段也要求学生变被动接受为积极、主动、自觉地从事和管理自己的学习。基于这样的认识，我在教学过程中特别注重学生课堂参与及动手动脑能力的培养，采取的方式方法主要有以下几个方面：

第一，动手查字典。

中国历史文选课的重点难点在于字和词的讲解，然而大多数难解字词教材中都有注释，课堂上再重复讲解，学生难免厌倦，但是如果让学生自己看，他们又未必有兴趣。因此我在教学过程中常常采取让学生亲自动手查字典的方法应对这个问题。这个方法要求学生人手一册《古汉语常用字字典》（第4版，北京，商务印书馆，2005），在课堂上，遇到古今词义差别较大的字，我首先让学生自己查字典，然后根据课文中的内容选择义项，最后与教材上的注释作比照。例如《左传·城濮之战》篇“不如私许复曹、卫以携之”一句中的“携”字，在字典中有两个义项，根据文义当选第二个义项“分离”，此处为使动用法，故教材注释为“离间”。又如《汉书·司马迁报任安书》篇“仆以口语遭遇此祸，重为乡党戮笑”一句中的“戮”字，在字典中有三个义项，根据文义当选第二个义项“羞耻”、“耻辱”，故教材释“戮笑”为“羞辱耻笑”。这样一来，一个难解字词很容易就消化了，既培养了学生的动手能力，也强化了教学效果，一举两得。

第二，动手断句标点。

断句标点是学生学习中国历史文选的基本要求，也是检验教师教学效果的手段之一。断句标点只有亲自动手做，才能体会深刻，快速提高。我在讲课时，每一学期都会让学生做 5 至 6 次课堂练习，每次选取一段 200 字左右的白文印发给同学，然后请一位同学在讲台上利用多媒体做，其他同学在下面做，做完之后进行简单的讲评，找出破句及出错的地方，并总结分析出错的原因。除课堂练习外，每个学期还要布置两次断句标点加翻译的课外作业，收齐批阅后利用课堂时间讲评，指出普遍性的错误并分析原因。

第三，登台讲解。

“90 后”的大学生更加自我和自信，以教师为主自始至终唱主角的讲解方式未免过于陈旧。针对这一问题，我在教学过程中，每个学期都要留出一至两个篇章，分成若干个段落分给学生，让学生以小组的形式分别备课，轮流登台讲解，然后由老师进行补充和总结。这种方法一方面给学生提供了锻炼个人实际能力的机会，同时学生通过动手动脑、查阅资料备课然后登台讲解，也体会到了讲一堂课并非想象的那么轻松，理解了老师备课、讲课的辛苦和不易，以后会更加尊重老师的劳动，积极主动地配合老师完成教学任务。

第四，动脑思考。

孔子曰："学而不思则罔，思而不学则殆。"为了培养学生动脑思考的良好习惯，我在讲课的过程中特别注重引导学生搜集资料，然后自己思考、总结的能力。例如讲《左传·晋公子重耳之亡》篇时，给同学介绍了古人在重耳年龄问题上的分歧。《国语·晋语》言"晋公子生十七年而亡"，流亡 19 年后返回晋国，应当是 36 岁，西晋人杜预给《左传》做注时也持此说。而司马迁在《史记·晋世家》中则说："晋文公重耳，晋献公之子也。自少好士，年十七，有贤士五人：……自献公为太子时，重耳固已成人矣。献公即位，重耳年二十一。……献公二十二年，献公使宦者履鞮趣杀重耳。重耳逾垣，宦者逐斩其衣祛。重耳遂奔狄。"若依《史记》的记载，重耳流亡时已 43 岁，流亡 19 年后回到晋国已经 62 岁了。关于重耳年龄的记载，两者不仅有分歧，而且悬殊较大。针对这个问题，我让学生课后阅读《国语·晋语》《史记·晋世家》及《左传》中的相关记载，搜集资料，自己考证重耳的生卒年问题。又如学习了《史记·六国年表序》后，我首先让学生总结司马迁对秦灭六国的认识，然后让学生课外阅读贾谊的《过秦论》、苏洵的《六国论》以及洪迈《容斋随笔·战国自取亡》等篇章，最后归纳每个人的观点，并简要论述自己的观点。

二、网络介入

近年来，网络以令人意想不到的速度进入到千家万户，影响到我们生活的方方面面，"90 后"已成为信息时代的最大受益者，网络也成为当今大学生生活中不可或缺的内容之一，有的学生甚至对网络存在不同程度的依赖心理。面对这样的教学对象，一味排斥网络是不可取的，而且目前网络资源越来越丰富，教学过程中完全可以充分利用。我在讲授“中国历史文选”的过程中，常常引导学生合理利用网络资源。例如讲《诗经·豳风·七月》篇“七月流火”时，首先给同学介绍夏、商、周三代的历法问题，说明周代的七月即夏历的九月，夏历九月已进入秋季，天气自然逐渐转凉。然后解释“火”，利用百度搜索工具搜到电子杂志《三思科学》2002 年第 8 期上有一篇题为《七月流火》的科普文章，对“火”即天空的大火星（星宿二）有详细的解释并配有图片。最后说明“七月流火”的正确含义。针对“七月流火”容易使人望文生义，常常误用为形容天气炎热这个问题，我又链接网络，利用 2000 年 7 月 31 日《人民日报》（海外版）上的《七月流火正解》一文来说明，然而时隔五年（2005 年 7 月 9 日），同样是《人民日报》海外版，却又刊发了一组表现北京气候炎热的照片，配的标题是《北京七月流火游客兴致浓》。这样的错误，令人啼笑皆非，而在报纸杂志却屡见不鲜。如此一来，学生基本上理解了“七月流火”的正确含义，以后也不会再轻易用错。

又如在讲到《史记·淮阴侯列传》篇时，文中说到韩信逃跑，萧何来不及报告刘邦就亲自去追韩信，刘邦以为萧何也跑了，“大怒，如失左右手”，过了一两天，萧何来见刘邦，“上且怒且喜，骂何曰：……”刘邦骂人在《史记》及《汉书》中记载较多，针对这个问题，我首先让学生阅读《史记》及《汉书》中的《高祖本纪》，搜集有关刘邦骂人的记载，然后自己进行总结，最后链接中国期刊网，检索到《文史知识》2002 年第 8 期上赵彩花的文章《刘邦好骂人》，结合此篇文章给学生讲解如何搜集史料、运用史料，进而谋篇布局撰写学术论文的方法。

网络上的资料虽然丰富浩繁，但在教学过程中教师因此运用网络介入法时必须事先做好准备，要求教师在备课时对网络资源进行预览、甄别和筛选，然后才能施之教学，这样做既可以节省课堂时间，也更有针对性。另一方面，为了不占用课堂时间，有些问题可以以作业的形式留给学生课后上网检索，下次上课时针对学生的检索情况由教师作简明扼要的总结和说明，这样既节约了课堂时间，又激发了学生学习的兴趣，同时也达到了教学目的。

三、多媒体图示

有人说由于科技的进步，印刷业的发达以及生活节奏的加快，现代人已进入到了读图时代。尤其是新生代的“90后”，他们对文字感到厌倦，需要用图片不断刺激眼球，激发自己的求知欲和触动自己的神经。针对“90后”大学生的特点，我在教学过程中适当利用图片调动学生的学习热情，提高学习的积极性。在多媒体中插入的图片主要有以下几类：

第一，人物图片。

“中国历史文选”课所讲篇章中涉及形形色色的历史人物，上至王侯将相，下至平民百姓，对于这些人物，有的同学较为熟悉，有的则甚是陌生。我在讲课时凡遇到诸如司马迁、班固、司马光、老子、庄子及韩愈等作者，以及文献中涉及的诸如周文王、周武王、孔子、孟子、韩信、魏征等重要历史人物，都尽量插入图片，然后作简要介绍，这样同学既有兴趣，也更容易记住。

第二，器物图片。

“中国历史文选”课的许多篇目都涉及古代器物，对此同学相对陌生，有的甚至连名称都闻所未闻。对于此类器物，在解释的同时也尽量插入图示。如《孟子·许行》篇孟子问陈相：“许子以釜甑爨，以铁耕乎？”《史记·六国年表序》：“虽置质剖符，犹不能约束也。”《左传·晋公子重耳之亡》：“秦伯纳女五人，怀嬴与焉，奉匜沃盥，既而挥之。”以上几篇文章中的釜、甑、符、匜等器物，均属古代文物，配合图片解释，同学们就很容易理解这些器物的形状及用途，达到事半功倍的效果。

第三，地理地图。

“中国历史文选”所选篇目跨度较大，时间从先秦直至明清，范围涉及经、史、子、集四部文献，许多篇目都涉及了国家位置、朝代疆域及大大小小的地名等众多地理方面的问题，用地图演示最为直接明晰。如《左传》《史记》《战国策》中的许多篇目都涉及了春秋、战国时期各诸侯国的名称以及其国都、城邑等地名，利用《春秋形势图》《战国形势图》等地图配合课文讲解，既可以轻而易举地将课文中涉及的国家或地名所在位置找到，也更容易了解其与周边国家或地名之间的空间关系。

第四，事件地图。

历史事件不仅涉及众多的历史人物，同时又涉及众多的地名，文字描述虽然详尽，但缺乏历史空间概念，阅读和理解都比较费劲，如果在语言释阐的同时，再配以简明的事件地图，效果就会好得多。比如《左传·晋公子重耳之亡》及《城濮之战》两篇，第一篇以详尽的笔墨叙述了晋公子重耳流亡19年，历经狄、卫、齐、曹、宋、郑、楚、秦八个诸侯国，备尝艰辛，最后在秦国的帮助下终于回到晋国的史实，此是一有名的历史事件，在《地图教学网》及胡安顺的《左传纪事精选》（三秦出版社，1993）中都有《重耳流亡路线图》，后者更详尽一些。在讲解此篇的过程中，配合此图并用红色箭头动态移动，即可轻松了解重耳流亡时的路线及所经历各个诸侯国的地理位置。城濮之战是历史上一次典型的以少胜多的战例，网络上有关的图片也不少，我搜集到了三幅城濮之战的作战示意图，在讲述作战经过时配合作战示意图，学生理解起来更为直观、轻松。

此外，《诗经·豳风·七月》篇涉及了众多的动物、植物，不仅文字生僻，许多名称同学们也闻所未闻，因此学习的难度较大。针对这个问题，我充分利用《诗经》的图文本及高明乾、佟玉华、刘坤的《诗经动物释诂》（图文本，中华书局，2005）及潘富俊著、吕胜由摄影的《诗经植物图鉴》（上海书店出版社，2003）中的图片，尽量以图文结合的形式来讲解，为同学更直观、更便捷地理解《诗经》创造条件。

传统的历史文选课教学比较重视历史的逻辑性，在很大程度上忽视了历史的形象性，教师习惯于用枯燥、呆板的语言去阐释文字，讲述历史。如今，发达的网络世界为教学提供了各种图片资源，先进的多媒体教学手段为配图提供了便利条件，利用图片再现历史人物、古代器物、空间概念及事件过程，使学生如临其境，对学习的内容产生了极大的兴趣，促使学生积极主动地学习和思考。

四、延伸阅读

中国历史文选是一门语言工具课，教学目的“主要是为了培养和提高学生阅读历史文献的能力”。阅读能力的培养和提高，仅凭课堂讲授和精读教材中的篇章是远远不够的，还需要辅以大量的课外阅读材料。实际上高校各文科专业都特别强调学生广泛阅读，有的学校甚至规定了阅读书目，但是由于学生缺乏兴趣，往往达不到预期的目的。目前在校的大学生在中学阶段主要接受的是应试教育，大多数同学没有养成课外阅读的良好习惯。历史文选在第一学年开设，因此，历史文选课应主动承担起激发学生阅读兴趣、培养课外阅读习惯的任务。在教学过程中，我采取了在所学内容的基础上延伸阅读的方法，结合教材引导学生阅读，阅读内容主要包括以下几个方面。

第一，人物传记。

中国历史文选中的篇目均选自古代重要的典籍文献，对这些文献如果仅作提要式的简介，学生兴趣不大，也容易与以后要学的《历史文献学》《目录学》等课程重复。基于这个原因，我主要通过作者传记让学生了解文献的作者。如讲《孟子》中的篇章时，我选取《史记·孟子荀卿列传》让学生阅读；讲《论语》时，我选取《史记·孔子世家》中的片段，讲解《汉书》的有关篇章时，又选取《后汉书·班固传》中的片段带领学生阅读。此外，所讲篇章中涉及的人物也可以采用此方法。如《论语·为政》篇里涉及了子游、子夏、子贡、子张等孔子的弟子，我选取《史记·仲尼弟子传》中相关人物的记载带领学生阅读。如此下来，无形中扩大了学生的阅读范围，提高了学生的阅读兴趣。

第二，篇章背景。

中国历史文选教材中的有些篇章是节选，前后割裂，学生理解起来比较困难，因此在讲解之前必须介绍相关背景。介绍背景也如介绍文献作者一样，如果仅用语言表述，显得枯燥无味。针对这个问题，我也采取带领学生阅读原著的方法。例如讲《尚书·牧誓》篇时，引导学生阅读《史记》《殷本纪》《周本纪》中有关纣王暴虐、文王贤良及武王伐纣前的准备等记载；讲《左传·晋公子重耳之亡》时，利用《史记·晋世家》，让学生了解重耳流亡之前晋国国内的政治斗争及重耳流亡的原因。如此一来，为学生很好地了解篇章背景及理解全文奠定了基础。

第三，内容解释。

中国历史文选所选篇章中有些内容的解释不是一两句话就能说清楚的，往往需要引经据典，即使很容易就能解释清楚的问题，我也注意用文献来说明，目的在于扩大学生的阅读范围。例如讲《礼记·大学》篇时，文中有“楚国无以为宝，惟善以为宝”和“亡人无以为宝，仁亲以为宝”两句，为了加深学生对这两句话的理解，笔者特意找出这两句话的出处让学生阅读。原文分别如下：

王孙圉聘于晋，定公飨之。赵简子鸣玉以相，问于王孙圉曰：“楚之白珩犹在乎?”对曰：“然。”简子曰：“其为宝也几何矣?”曰：“未尝为宝。楚之所宝者，曰观射父，能作训辞，以行事于诸侯，使无以寡君为口实。又有左史倚相，能道训典，以叙百物，以朝夕献善败于寡君，使寡君无忘先王之业；又能上下说于鬼神，顺道其欲恶，使神无有怨痛于楚国。又有薮曰云连徒洲，金木竹箭之所生也。龟、珠、角、齿、皮、革、羽、毛，所以备赋，以戒不虞者也。所以共币帛，以宾享于诸侯者也。若诸侯之好币具，而导之以训辞，有不虞之备，而皇神相之，寡君其可以免罪于诸侯，而国民保焉。此楚国之宝也。若夫白珩，先王之玩也，何宝之焉？圉闻国之宝六而已。明王圣人能制议百物，以辅相国家，则宝之；玉足以庇荫嘉谷，使无水旱之灾，则宝之；龟足以宪臧否，则宝之；珠足以御火灾，则宝之；金足以御兵乱，则宝之；山林薮泽足以备财用，则宝之。若夫哗嚣之美，楚虽蛮夷，不能宝也。”

晋献公之丧，秦穆公使人吊公子重耳，且曰：“寡人闻之，亡国恒于斯，得国恒于斯。虽吾子俨然在忧服之中，丧亦不可久也，时亦不可失也。孺子其图之。”以告舅犯，舅犯曰：“孺子其辞焉！丧人无宝，仁亲以为宝。父死之谓何？又因以为利，而天下其孰能说之？孺子其辞焉！”公子重耳对客曰：“君惠吊亡臣重耳，身丧父死，不得与于哭泣之哀，以为君忧。父死之谓何？或敢有他志以辱君义。”稽颡而不拜，哭而起，起而不私。子显以致命于穆公。穆公曰：“仁夫公子重耳！夫稽颡而不拜，则未为后也，故不成拜。哭而起，则爱父也。起而不私，则远利也。”

这样的延伸阅读比纯粹强调课外阅读及课后布置阅读内容作用都好，由于阅读内容与所学篇章关系密切，学生不易感到生疏，戒除了排斥心理，阅读的兴趣浓厚，积极性提高。这种基于所学内容的延伸阅读法，一方面可以深化学生对学习内容的理解；另一方面也扩大了阅读范围，事半功倍，一举两得。如此坚持下来，仅第一学期学生就阅读了《史记》中的《殷本纪》《周本纪》《齐太公世家》《晋世家》《郑世家》《鲁周公世家》《孔子世家》《仲尼弟子传》及《孟子荀卿列传》等内容。

总之，科学的教学方法必须结合教学实际以实现教学目标、完成教学任务为出发点，根据教学对象的特征和教学环境、教学设备的变化来选择和确定。近年来多媒体教学设备的普及和运用，在加强教学密度，提高课堂教学效率的同时，也可以挤出更多的时间让学生参与到教学中来，调动学生学习的主动性，利用网络和图片激发学生的学习兴趣，为学生营造一个轻松的学习环境，从而提高教学效率。在多年的中国历史文选教学过程中，我逐渐摸索和尝试了以上几种教学方法，收到了良好的教学效果。这些方法的恰当运用，可化难为易，变抽象为具体，突破中国历史文选长期以来以注入式讲授为主的教学方法。以上是我在教学过程中的一些摸索和实践，其中还存在许多不足之处，有待于在以后的教学中继续改进提高。

中国历史文选课教学改革的有益尝试

西北大学　陈一梅

中国历史文选课是我国高等院校历史学科普遍开设的一门专业基础课程，其教学目的是培养学生阅读和应用历史文献的基本能力。这门课程的教学效果如何，对学生学科知识的掌握、专业素养的提高和实际能力的培养，有着直接的影响，在历史学科建设中起着不可忽视的重要作用。然而，历史文选课特殊的教学内容和教学目的，使其长期来一直被认为是“枯燥乏味”、“吃力不讨好”的冷门课，要取得好的教学效果难度极大。作为主讲该课程的专业教师，我在自己七八年的教学工作实践中，在师友的指导帮助和历届学生的配合下，积极探索和尝试对历史文选课的教学进行改革，在认识和实践两方面都取得了一定的成绩，使这门多年来被认为“枯燥乏味”的课程引发了学生们的学习兴趣，取得了较好的教学效果。现将自己在几个方面尝试改革的心得加以总结，愿与同行展开讨论，更期待方家予以指正。

一、完善薄弱环节，扩充教学内容

以往历史文选课的教学，是以所采用的传统教材中有限的文献选篇（一般在 20 篇左右）为主要内容。然而实践证明，作为一门专业基础课程，这样的内容太过单薄。一学年的课程学习结束后，往往出现这样一种情况：学生对所学课文大都耳熟能详，但对中国历史文献的整体情况却知之甚少，只见树木，不见森林；同时对课文外文献的阅读和应用能力较差，难收举一反三之效。这对学生专业基础的培养显然是不利的，也影响到相关专业课的学习和日后的专业研究。而在实际工作中，历史类大学毕业生分不清文献的四部归属和无法认读近古碑文，也已成为屡屡出现、引人深思的现实问题。基于改善学生知识结构、加固学生专业基础的考虑，结合教学过程中的实际情况，我在以教材为教学重点、合理安排课时进度的基础上，对教学内容进行适度扩充。增加的内容主要包括：

（一）文献阅读基础知识，主要是有关汉字和目录的基础知识

文字学古称“小学”，顾名思义，它是从事一切学习和研究的基础。许慎《说文解字序》指出：“文字者，经艺之本，王政之始，前人所以垂后，后人所以识古。”汉字自臻于成熟至今已有三千多年的历史，这期间，无论是构造、形体还是字（词）义都发生了巨大的变化。不了解这一变化的轨迹，就不具备读懂古文献的基本条件。因此在开始进行课文讲解之前，我先就汉字的产生、构造方式、形体变易、滋生、古今字义的区别等问题向学生作较为详细的介绍，帮助他们在心理认识和

知识积淀上为日后课内外历史文选学习做好准备。

除此之外，我增加了简单的目录知识讲解。目录是卷帙浩繁的历史文献的“纲纪”。王鸣盛在《十七史商榷》中指出，读书“最切要者，目录之学。目录明，方可读书；不明，终是乱读”。由于教学计划课时限制，这门课不可能像“历史文献学”一样将“目录”讲解得非常深入细致，但我还是以两个课时的时间向学生勾勒中国古代文献分类的脉络、介绍文献的四部归属，让他们了解每篇选文的出处，以便更好地把握对文献的查找、学习和利用。

（二）古代文化常识

阅读古文献的人有一个共同的看法，即对一段文字而言，你或许可以识读其中的每一个字，却仍然无法正确理解它的含义，这其中一个重要的原因，就是对古代文化常识缺乏了解。例如课文《秦始皇本纪》中说嬴政“姓赵氏”，学生就会奇怪他为什么既姓“嬴”又姓“赵”；又如课文《诗经·七月》里有“七月流火”，学生就会发问这颗“火星”是不是太阳系八大行星中的火星等。针对这种情况，我通常会根据课文出现的问题，定期进行“古代的姓氏名字号”、“古代避讳”、“古代职官”、“古代天文学常识”等专题讲解。通过对有关文化常识的学习，学生不仅能够更好地学习课本、阅读文献，人文知识也相应增长。

（三）考古文献

王国维先生认为，历代学术史上新潮流的产生，常常是由于新发现引起的。如汲冢书的发现，使学者对古文经学有了新的认识；甲骨文的发现，改变了人们对商代历史的看法，使“东周以上无史观”不攻自破；西域木简和敦煌文书的发现，改变了人们对汉晋历史和唐史的许多认识。因此，他提出了在历史学界至今仍具指导意义的以地上之文献与地下之文物相互印证的“二重证据法”。然而，传统的中国历史文选教材中鲜见考古文献，即便有也属早期资料。鉴于近年来全国范围考古收获颇丰，其中不乏文字资料，笔者便尝试从中选择部分资料，在教学中向学生作介绍和讲解。例如讲解《道德经》和《孙子兵法》时，补充介绍了马王堆汉墓《老子》帛书、郭店楚简本《老子》和银雀山汉墓出土的《孙子兵法》；讲解汉赋时，补充介绍了尹湾汉墓出土的《神乌赋》等。通过这种方法，让学生了解传世文献与出土文献的异同，认识考古文献的重要性，为日后阅读和掌握利用考古文献打好基础。

（四）泛读文章

受大学英语教学的启发，笔者根据教材的具体情况，从文献中精心选印了大量相对简单易学又极具趣味性的短篇作为教学辅助内容，称之为“泛读文章”。每讲完一篇教材选文，则辅以一两篇泛读短文，让学生当堂翻译并做作业发表。这样既补充了学生的阅读量，又锻炼了他们的阅读理解能力。

二、延伸教学视角，开掘课程内涵

将历史文选课定为大学文史类专业的一门重要工具课，对这一认识几乎从未有过争议。然而还应该进一步看到，历史文选课本身又具有超出一般工具课的意义和价值，这就在于它的特殊的内容——作为历史文献记载，对于历史类课程教学具有补充作用；作为民族优秀文化的精华，对于学生思想道德又具有育化功能。基于这一认识，笔者在全面把握课程教学重点、教学进度的前提下，尝试进一步开掘课程内涵，延伸教学视角，促进学科联系，探索工具课教学与专业课教学沟通，专业教学与思想教育结合的有效途径。

（一）合理安排，沟通相关课程间的联系

中国历史（包括通史、断代史和专题史）课教学中必然伴有相关史料的学习，但限于计划课时，本科生教学中常因史料教学比重极小而成为缺憾。历史文选教材的许多篇目，作为丰富多样化的史料，不仅可以弥补历史教材引用史料不足的遗憾，而且可以帮助学生更好地掌握和运用史料，促进专业学习。这里关键的问题在于怎样准确切入，把握适度。我在讲解历史文选有关篇章时，着眼于该文所反映的历史现实与历史课教学相关内容的联系和衔接，从文章写作的社会历史背景和作者的用意、观点、手法等角度予以提示和简要分析，引导学生将历史文选课的学习视角向专业历史课程延伸，既丰富了文选课的教学内容，加强了其与相关课程的沟通，也在客观上促进了学生对历史课的学习，又不至于使文选课教学本末倒置，发生错位。

（二）结合实际，发挥历史文选课的德育功能

在培养大学生综合素质方面，任何一门课程都有它独特的作用。历史文选汲取中华民族优秀传统文化精华，蕴涵着极其丰富深厚的人文思想，这使该门课的教学天然地被赋予学生思想教化功能。我从一名教师教书育人的天职出发，积极尝试将专业教学与学生思想道德教育结合起来，使历史文选课本来具有的德育功能尽可能得以充分发挥。在教学中，结合有关篇目的讲解，我对文章所表现的作者或主人公的爱国情操和民族气节、伟大胸怀和卓越贡献、道德风范和人格魅力，有意识地予

以介绍宣传，通过历史人物优秀品德的感染，使学生在课程学习中融入了感情，增强了学习效果，同时也接受了生动的思想品德教育，对树立正确的世界观和人生观产生了积极影响。

三、改进手段方法，增强教学效果

历史文选课教学，传统上多采取以粉笔和黑板为主要教具，逐字逐句对课文进行讲解的方法。这种方法至少有三大弊端：一是由课程性质决定的大量板书内容造成课堂上人力和时间的很大浪费；二是对许多抽象名词和概念的讲解难以使学生真正理解，从而使教学枯燥、乏味；三是学生容易产生视听觉疲劳，注意力难以集中，影响学习效果。为解决这些问题，笔者近年来进行了多种尝试，证明以下三种方法行之有效。

（一）制作电子课件，进行多媒体教学

多媒体课件的制作过程虽然复杂，但是使用简便，优势明显。第一，使用课件教学节省了板书时间，增加了向学生的信息传输量。例如，一段百字左右的史料，板书约需 20 分钟，而用幻灯片演示只需点击一下鼠标而已。第二，课件图文并茂，声像俱现，学生易于理解，喜闻乐见。例如，讲解汉字形体的变易时，可以播映甲骨文、金文、篆书、隶书、楷书、行书、草书等实物图片，让学生通过观察比较，自己总结字体特点；讲解楚辞时，就播放《橘颂》音乐，让学生通过学唱而背诵古文，进而理解古文等。信息量大，趣味性强，教学效果自然得到明显提高。

（二）加强教与学的互动、支持学生个性化学习

在教学过程中，学生主观能动性的高低直接影响到自身受

教和教师施教的效果。我始终秉承“教学相长”的古训，热情、平等地对待每一位学生，积极征询他们的意见和要求，了解他们的想法和对教学内容的掌握程度。在课堂教学中，我特别注意与学生一起营造生动活跃的课堂气氛，努力为每一个人创造展现和锻炼自己学习能力的机会。例如，在讲解《勾践灭吴》一文时，分请几位同学扮演文中诸人，让他们先后用文言文和白话文朗读和演绎课文，这样既使学生在自然轻松的氛围里加深了对文章的理解，掌握了《国语》善于记言的写作特点，又了解到学生对文章的理解程度及问题所在，可据以调整和改进教学方案。对于程度偏高或偏低的同学，我都加以具体对待，因材施教，以期优者出类拔萃，差者稳步提高。

（三）加强实践环节，培养学生实际能力

历史文选课教学的直接目的是培养学生阅读历史文献资料的能力。但传世文献经过多少代人的加工整理，在今天多以规范的纸质文字材料形式出现，已经难见其本来面目。如果学习对象仅限于此，那么，学生在日后实际工作中面对大量历代文献实物尤其是新出土历史文物时，难免会陷于尴尬。基于对以传统方式教学的经验教训总结，我在教学中努力加强实践环节，除了让学生多做课堂练习、利用多媒体手段了解各类文献实物图像外，还有计划地带领学生去西安碑林博物馆、陕西历史博物馆等文博单位，进行现场教学和实物教学。通过近距离直接感知大量的甲骨、简牍、钟鼎、石鼓、缣帛、玺印、碑刻和陶文等实物形态的历代文献，学生不仅进一步巩固了课堂学习内容，而且对历史文献的内涵有了更为深入的认识。

中国历史文选课堂培养学生阅读古籍兴趣的尝试

山西师范大学　侯洪梅　徐跃勤

中国历史文选课是高等院校历史专业的一门专业基础课，其教学目的主要是培养学生阅读和运用文言史料的能力，为其进一步学习和研究历史奠定坚实的基础。古代文献典籍内容丰富，人们常用“浩如烟海”、“汗牛充栋”来形容。由于种种原因，现在的学生很少有人能静下心来认真读书，更不要说读古籍了。历史专业的学生同样如此，这样就直接影响了历史教学的质量。分析历史专业学生不喜欢阅读古籍的原因主要有：一是阅读古籍的意识不强，认识不到文言史料对历史研究的重要作用，从思想上不重视。二是古籍阅读起来难度较大，涉及知识面广，时空跨度大，悠悠几千年的古代文献典籍，作家作品灿若繁星，知识点繁杂纷呈，字词句陌生而古老，常常给阅读者带来难以预估的困难，使学生产生一种畏惧心理。三是由于受高考升学的影响，学生在中学虽然也接触到了一些文言篇目，但数量较少，并且只停留在对字词句的简单理解上，并没能形成整体感知文言古籍美感的能力，对古籍普遍存在着一种陌生感或隔膜感。

历史文选课堂首先必须使学生产生读古籍的浓厚兴趣，必须使学生静下心来养成扎扎实实读书的习惯。否则，我们的教学任务就无法完成，教学目的无法达到，学生也就无法从大量的文言史料中获取相关的信息。作为历史系学生就更无法掌握研究历史的第一手材料，只能人云亦云，写论文时也只好东拼西凑，没有自己的认识，那就更谈不上做学问了。正如黄宗羲所言："每见抄先儒语录，荟撮数条，不知去取之意如何；其人一生之精神未尝透露，如何见其学术。是编皆从全集纂要钩玄，未尝袭前人之旧本也。"① 这段话正说明了做学问时一定要占有丰富的材料。占有丰富材料的最好办法就是读书，养成读书的习惯，做到静对古书寻乐趣。爱因斯坦说过："兴趣是最好的老师"，孔子也说："知之者不如好之者，好之者不如乐之者。"兴趣是人们对事物的积极认识倾向，它推动人去探索新知识，发展新能力。如果没有兴趣或者兴趣不持久，是读不好古籍的。文选课堂教学要担当重任，扎扎实实、循序渐进，培养学生学习古籍的持久兴趣，养成良好的读书习惯。提高学生阅读和运用文言史料的能力。那么，怎样才能培养学生阅读古籍的兴趣呢？我们结合古代汉语知识作了一些尝试。

一、解决识字难题，鼓起畅游书海的勇气

大部分同学是因为对历史感兴趣才来学历史专业的，他们喜欢历史，也希望通过读古籍加深对历史的了解，但常常由于古代汉语知识的缺乏，在读古籍时遇到了很多困难。历史文选

---

① （清）黄宗羲：《明儒学案》（上），17页，北京，中华书局，1985。

课堂教学一定要想办法针对学生的实际困难，选择有效的教学方法为学生阅读古籍排忧解难，让学生拥有阅读古籍的基本功，面对古书不犯愁，有信心去读古籍，读的过程中逐步感受到读古籍的乐趣，鼓起在书籍海洋尽情畅游的勇气，为历史研究打下坚实的基础。教学中我们发现学生阅读古籍时遇到的第一个困难是大批的繁体字和异体字不认识，繁体字和异体字成了他们阅读古籍时遇到的第一个拦路虎，所以读书必先识字。我国古代的书籍，包括了传世久远的经典和周秦诸子，其中保存了一部分不常见的古代汉字，不认识它们根本无法去读。秦汉以后的史籍虽然较容易懂一点，但文章中出现的繁体字和异体字还是让学生产生了畏惧心理，因为学生从小学起学的都是规范化了的简化字，中学接触到的文言篇目也是用的简体字，历史文选教材的选文用的则是繁体字。为了解决学生识字的难题，我们首先结合古代汉语知识给学生讲清什么是古今字、异体字、繁体字、假借字、异读字，并举例加以说明。然后利用繁简字对照表，让学生通过繁简互换练习学习汉字，并结合具体文章的学习复习巩固，最后通过考试加以强化。长期简单机械的识字教学会使学生觉得索然无味，为了让学生对汉字产生兴趣，我们结合文字学、音韵学、训诂学的知识增添识字的知识性和趣味性，吸引学生的注意力，调动了学生识字的兴趣。这一教学过程收到了事半功倍的效果，解决了学生初次接触古籍的一大困难，培养了学生对历史文选课的兴趣。因此，历史文选的第一课应该是识字教学。“阅读从认知文字符号开始，经过大脑的分析综合活动，领会课文的意义，体会课文的感情，并凭借着课文练习阅读的技能，从而发展阅读能力”① 阅读古籍是历史研究的基础，识字教学是基础中的基础，要像小学一年级的识字教育一样，耐心扎实地教，使学生对汉字产生浓厚的兴趣，增强自我识字的能力，帮助学生掌握繁体字和异体字，使学生拿到古籍能读下去，阅读中体味古籍语言的精练，感悟古籍语言的优美，进而产生阅读古籍的兴趣。

二、积累常用词汇，体会古籍的语言美

王力先生早就强调指出，阅读古籍的能力最主要的是常用词问题。提高阅读文言古书能力的有效途径之一，就是要积累大量的常用虚词和实词的用法，这与学习外语需要积累大量的单词是一样的。学生经常抱怨说，他们也想把较多的时间和精力放在古籍的阅读上，可是对于古籍常常是屡借屡还，根本无兴趣去读，学习效果也不理想，古籍阅读能力提高很慢。经调查，我们认为问题的症结在于文言虚词和实词的学习没有落实。应当承认，学生阅读古籍基本能力的培养离不开对文言虚词和实词的学习掌握。文言虚词虽然用法复杂，但毕竟数量有限，学生比较容易掌握。而实词则不然，一则数量繁多，二则字意繁多，让学生无所适从，因而文言实词也就成了学生阅读古籍的又一个障碍。“我们如果有计划地掌握一千多个常用词，也就能基本上解决阅读古书时在词汇方面的困难。”② 历史文选教学中，我们根据古代汉语词汇方面的要求，着重讲解了关

① 王松泉、王柏勋、王静仪：《语文教学心理学基础》，238页，北京，社会科学文献出版社，2002。

② 王力：《古代汉语》（校订重排本），第1册，4页，北京，中华书局，1999。

于单音词和复音词、词的本义和引申义、古今词义的异同、兼词、敬词和谦词等方面的知识，然后又结合王力先生主编的《古代汉语》中对一千多个常用词深入浅出地分析与解说，对学生进行反复训练，并在文选阅读中进一步强化，让学生牢牢掌握常用词的用法。

常用词教学中，为了激发学生学习常用词的兴趣，我们又依据《说文解字》的内容，对古文字字形进行分析，突出字形与字的本义的密切联系。不但对纯表意的象形字、指事字、会意字的相应古字形进行了分析，而且对表意兼表音的形声字的分析也加以重视。通过解说文字的构形原理，由本义到引申义，到比喻义，到假借义，逐一说开去。既可以追根溯源，又可以由源及流；既说了“字”，又解了“词”；既有形象的解说，又有抽象的演绎。这样，不仅使学生产生了学习常用词的兴趣，解决了学生读古籍的又一个难题，而且从常用词的学习中体会到了古籍的语言美，调动了学生阅读古籍的积极性，增强了学生读古籍的信心，逐步培养了学生读古籍的兴趣。

三、培养诵读能力，体味古籍的意境美

如果说识字和常用词的掌握是阅读古籍的基础，那么诵读教学则是落实巩固基础知识、培养阅读古籍兴趣的有效途径，是古籍阅读中不可缺少的重要一环，它不仅是获得知识的重要渠道，也是提高古籍阅读能力的重要过程。传统文言文教学的成功经验之一就是课堂诵读能力的培养。著名作家孟伟哉说过：“我上小学时，对课文是高声朗读的，一群孩子，在一座大庙里，一个比一个声音大，有腔有调，我们乡下叫‘唱口

歌'，书面语言形容'书声琅琅'。我上大学还朗读，三十多岁成为大学讲师时，对一些重要精彩的段落仍然朗读，直到读得背下来，现在老了，依然朗读背诵某些古诗词。朗读的好处是：反反复复地认那些字，反反复复地熟悉那些词汇和句式，反反复复地领略那种语感。"① 宋代理学家朱熹也非常重视诵读，他说"凡读书，须整顿几案，令洁净端正。将书册整齐顿放，正身体对书册，详缓看字，仔细分明。读之，须要读得字字响亮，不可误一字，不可少一字，不可多一字，不可倒一字，不可牵强暗记，只是要多诵遍数，自然上口，久远不忘。古人云，'读书百遍，其义自见。'谓熟读则不待解说，自晓其义也。"② 由此看来，知识是从诵读中积累的，语感是从诵读中领略的，韵味是从诵读中体会的，兴趣是从诵读中产生的，素养是从诵读中培养的。

由于种种原因，大学课堂读书声越来越少，大学校园里更是很少能听得见朗读古籍的声音。中国历史文选要培养学生阅读和运用文言史料能力，那就应该让学生养成诵读古籍的习惯，不仅课堂上要有读书的声音，而且课堂外也应响起读古籍的声音。教学中教师要注重教给学生诵读的方法，指导学生按层次，由易到难诵读课文，让学生掌握诵读的技巧。教师首先要选定一些精彩的片段，给学生留出一些时间，让学生进行诵读实践，使历史文选课堂出现琅琅的读书声，让学生在诵读中体会感受文言古籍的美感，在诵读中真正享受到读古籍的快乐，增强读古籍的兴趣。给学生一些时间是落实文言文课堂诵读的前提条件，因为学生阅读古籍水平的提高不能仅仅停留在

① 孟伟哉：《语文门外谈》，载《语文建设》，2002（7）。

② （宋）朱熹：《朱子全书》，上海，上海古籍出版社；合肥，安徽教育出版社，2002。

教师条分缕析的讲解，而在他们多读多背的阅读实践中。其次要营造轻松愉快和谐的诵读环境。没有琅琅书声的课堂是沉闷的课堂，沉闷的氛围让人思维凝滞，头脑发胀；轻松愉快的环境让人头脑轻松，思维畅通。历史文选课堂不仅要能听到循循善诱的讲解，而且更要能听到声声入耳的诵读。"熟读唐诗三百首，不会做诗也会吟"，诵读教学在培养学生阅读古籍能力方面起着重要作用，可以达到事半功倍的效果。历史文选课堂诵读要有计划，要根据文章内容选用不同的诵读方法。讲析课文前进行的诵读，是深入分析理解课文的基础，讲析后的诵读会更快地提高学生对文言古籍的感悟能力以及分析水平，进一步加深对古籍内容的理解。

诵读古籍有如下好处：

第一，有助于理解古籍内容，达到融会贯通的境界。叶圣陶认为："诵读的时候，对于讨究所得的不仅理智地了解，而且亲切地体会，不知不觉之间，内容与理法化而为读者自己的东西了，这是最可贵的一种境界。学习语文学科，必须达到这种境界，才会终身受用不尽。"① 同样，在阅读古籍时，加入诵读这一教学环节，学生就能很快地领悟作者所要表达的内容。

第二，有助于增强语感，增强记忆力。科学的诵读，抱着欣赏态度的诵读，一遍比一遍入调，一遍比一遍体会深切，在反复诵读中体会古籍的语言美，牢记阅读内容。

第三，有助于陶冶情操，接受传统文化的熏陶。优秀的文言古籍，是我国文化宝库的璀璨明珠，它用字精当、含义丰

① 中央教育科学研究所编：《叶圣陶语文教育论集》（上），13 页，北京，教育科学出版社，1980。

富、韵味悠长，洋溢着作者的真挚情感。学生在缓缓诵读、细细品味中更能陶冶情操，接受传统文化的熏陶。诵读不仅是学习古籍的一种有效方法，而且是一种艺术享受，也是培养学生阅读古籍兴趣的有效方法。

总之，古籍的阅读能力，是靠长期的诵读和感悟培养出来的。历史专业的同学要培养学习和运用文言史料的能力，一定要静下心来扎扎实实阅读古籍，读书时要养成诵读的习惯。

“问渠哪得清如许，为有源头活水来”。渊博的知识来源于日积月累，事业的成功得益于厚积薄发。在知识经济的时代，静对古书，需要兴趣和恒心。当然，培养学生阅读古籍兴趣的方法很多，我们只是从读古籍需要的基本功方面做了一些尝试。因为我们认为学生只有具备了读古籍所需要的基础知识和基本能力，才有可能看懂古籍，逐渐喜欢上古籍，阅读古籍的兴趣才能形成并得以发展，享受到读古籍的快乐，历史文选课的教学任务才能圆满完成。

中国历史文选教学应强化运用历史文献能力的培养

山西师范大学　林宏跃

中国历史文选是高等院校历史学专业开设的一门专业基础课，其目的主要是培养学生阅读和运用中国历史文献典籍的能力，它在学课教学中的重要地位是不言而喻的。该课程自由陈垣先生在北京大学创立以来，已有近一个世纪的历史，从课程教材体系的建设来说，大体经历了20世纪20年代至新中国成立以前、新中国成立后的20世纪50年代至70年代、20世纪80年代以来这三个阶段的发展，先后出版了多达三十种以上的中国历史文选教材，可谓百花齐放。就其类型而言，虽然可以细分为“史学名著选讲”型、“历史要籍介绍及选读”型、“史学史发展要籍选讲”型、“古汉语加史籍选讲”型和“革新本单元制”型等，但大致可归结为“中国史学名著介绍及选读”、“中国历史要籍介绍及选读”、“革新本单元制”三大类别，可以说在教材体系建设方面的发展已基本趋于稳定，目前已很难在本质上有新的重大突破。

进入21世纪以来，中国历史文选教学由关注教材体系建设转向关注教学方法和教学手段的改革和创新，以便切实促进该课程教学目的的实现。尽管相当数量的学者比较强调中国历史文选课程的目的在于提高古代汉语水平，希望通过对这门课程的学习，提高学生阅读古代文献的能力，甚至有关机构一度将这门课程重新定名为“古代汉语与中国历史文选”，但大多数院校最终仍然确定了该课程的教学目的主要是培养学生阅读和运用中国历史文献典籍的能力。不过，从各个高等院校的教学实际和学者们的教学改革论文来看，大多都聚焦于如何更有效地提高学生阅读历史文献能力这一方面，在不同程度上忽视了培养学生“运用”中国历史文献典籍能力，重“阅读”轻“运用”的现象十分严重。

培养学生“运用”中国历史文献典籍能力关乎学生史学思维方式的养成，对于历史专业的学生来说至关重要，阅读历史文献只是一种手段，运用历史文献来研究历史问题才是目的，二者有本末之别。为促进中国历史文选教学目的的全面实现，本文就中国历史文选教学过程中培养学生运用历史文献能力、引导学生养成史学思维的问题略述浅见，以纠目前之偏。

一、中国历史文选教学应强化学生运用历史文献能力的必要性

在中国历史文选教学中强化学生运用历史文献典籍能力的培养，是保持该课程独立地位的需要。中国历史文选教学作为高等学校历史学科教学体系中的一门主干课程，有它自己的独立地位。但我们在教学实际中发现，由于这一课程是在刚刚进入大学历史专业的一年级学生中进行，在初步接触中国历史文选教材和教学后，学生往往认为，这同他们在中学学习文言文

相比，虽然教材内容有很大不同，但以文言文的阅读、翻译和分析段落大意为基础的教学出发点和方法却基本相同，二者没有本质的区别。因此，学生们仍沿袭中学的学习方法来学习文选课程。而教师在教学中也把百分之九十的时间用于阅读教学，主要关注学生古汉语水平的提高，测验考试的重点也是除了历史文献中文言文字、词、句、篇目的注释、翻译，以及繁体简体字的转换，外加一些史学名家、名著、体例的介绍，这些做法更加加深了学生的这一感受。把文选等同于古代汉语不能不说是文选教学中面临的一个尴尬问题，这实际上就削弱了中国历史文选课程的独立性。

长期以来，我们不少教师以为只要学生有了“阅读”能力，自然就有了“运用”能力。然而，笔者在多年的教学实践中深深体会到，“运用”文献能力的形成固然是建立在一定的“阅读”能力基础之上的，但二者并不能完全等同。运用能力的形成尚需要我们在教学过程中利用文选所提供的具体史料，从个别史例出发，追本溯源，旁征博引，多角度地分析史料价值意义，形成史论史识。只有特意地着力培养这方面的能力，才能引导学生养成论从史出、史论结合的史学思维方式，并培养学生以事实为依据开展历史研究的品质，这也正是历史文选教学价值和它的独立性所在。过去，由于对“运用”能力培养的力度不够，不少学生在完成本专业其他各门课业论文的过程中，往往不注重引用充分的史料证据，空发议论的现象十分严重，这一结果与文选教学忽视运用能力培养有着一定的关系。所以，要保持中国历史文选教学的独立地位，就必须强化学生运用历史文献典籍能力的培养。

从历史学科的专业属性来说，对运用历史文献能力的培养是比对阅读历史文献能力培养更高一个层次的要求。中国历史文选是面向历史专业学生开设的课程，如果只注重培养阅读能力，那它与古代汉语就没有了本质区别，完全可以用古代汉语课程来取代；只有注重运用历史文献能力培养才是历史学科的本质要求，才是它作为历史学科教学体系的构成和它存在的必要性所在。从本质上说，阅读历史文献能力是语言学范畴，任何阅读古典历史文献的读者都需要掌握；而运用历史文献的能力是史学的思维范畴，它是历史学者必须具有的专门素质，二者不容混淆，也不可偏废。

从历史学科教学体系的横向比较来看，中国历史文选是一门交叉性很强的学科，涉及中国古代史、中国近代史、中国文化史、中国史学史、中国历史文献学、古代汉语学、古文字学等方面，为这些课程的知识和内容提供了部分具体实例和根据。但如果仅只于此，中国历史文选就会成为这些课程的附庸品，就会沦为四不像的地位，同样也会失去它的独立性。如果我们注重运用历史文献能力的培养，在教师的引导下，让学生以文选所提供的历史文献为出发点，以旁征博引历史文献为辅，对交叉课程的相应知识和论题进行回溯性甚或创新性论证，形成初步运用历史文献的能力，这是其他任何主干课程所不具备的优势，也是文选课程独立性的体现。

从教学效果来说，在文选教学中注重学生运用历史文献能力的培养有利于提高学生的学习效率。大学历史教学的任务不仅要使学生掌握历史基础知识，更重要的是培养学生分析问题、解决问题的能力，使之成为具有独立操作能力和再学习能力的创新人才，胜任历史研究、教学或与本专业有关的其他工作。就中国历史文选而言，作为历史系的一门基础课，由于其任务主要是通过学习各种体裁的历史文献，培养、训练学生阅读和运用文言史料的能力，所以阅读、背诵、记忆、掌握有关知识，提高学生阅读能力是十分必要的，这样一来，尽管通过各种教学方法和手段的改革可以使这一过程变得轻松和有效，但总难避免受体的被动性感受，学生们总感觉文选课程琐碎、枯燥、乏味，甚至于感觉和中学文言文学习区别不大。如果在文选教学过程中突出运用历史文献能力的培养，让学生在运用历史文献、探究历史问题的过程中进一步深入了解历史文献本身，释读相关史料中的字词、解读相关史料内容，一方面可以调动学生主动思维，增强学习兴趣，形成研究思维和创新思维；另一方面也可以与提高阅读能力形成良好的互动关系，提高学习效率。

二、在中国历史文选教学强化学生运用历史文献能力的可能性

正如有的学者所说“就提高古代汉语水平来说，需要一个较为长期的积累过程。按目前日益缩减的教学时数而言，把这方面的标准定得太高，显然不太现实。包罗广泛的古代汉语知识，不是数十节、最多百十节课堂教学所能系统传授的。不过，换一个角度看，也不要把目前历史学科大学生的古代汉语水平估计过低，因为目前中学语文课本中的文言文所占比例是不低的。与数十年前王力先生主编的《古代汉语》作比较，《古代汉语》要求大学生注意掌握的一千多个常用词，绝大多数已经出现在中学课本中。对于当今的大学生而言，只是要对这些并不陌生的词语更为了解、灵活运用而已。要更上一层楼，则需靠课后及日后努力。至于重视历史要籍的介绍，选文尽量考虑各类体裁，本是情理中事。值得注意的是，各高校现

在普遍开设有'中国史学史'课程，内容主要就是讲述史书编纂及其史学思想，对若干重要史书的介绍篇幅已经相当大。如果中国历史文选过多地涉及这些内容，必然造成课程间内容的重复现象，而且似乎是为中国史学史列举范例一般。这样，中国历史文选就难以说是一门独立的课程了"①。所以，要实现中国历史文选课程自己独特的教学任务和目的，突出运用历史文献能力的培养已是大势所趋。这就要求文选教学一方面要让学生接触一定量的历史文献原始资料，增强对历史文献的感性认识，了解古代历史的丰富多彩和传统文化的精致深邃；另一方面就是要精选一些历史文选涉及的课题，让学生进行论证，增强学生对历史文献及其所载述的历史事实和历史现象的理性认识。

那么，在历史文选教学中达到培养学生运用历史文献能力这一教学目的的可能性是否存在？回答是肯定的。

其一，如前引所述，中学文言文教学状况使步入大学历史专业的学生已经初步形成了阅读古代文献的一般能力，只是在对象上对系统的历史文献还缺乏广度和深度的涉及，在历史文选课程的后继性学习中可以得到进一步提高，这为通过文献课程培养学生运用历史文献奠定了阅读基础。

其二，中学历史教学和大学通史课程的学习，使学生具有相当的历史知识，这些知识既是培养学生运用历史文献能力的基础，又是进行能力培养的素材。如"焚书坑儒"事件作为历史知识在中学、大学的教材教学中都有涉及，在历史文选《史记·秦始皇本纪》中也会出现这一事件的基本史料，让学生根

① 韦勇强：《〈中国历史文选〉课程教材改革探索》，载《广西高教研究》，2001 (3)。

据这一基本史料，在教师的引导下再征集其他历史文献的旁证材料，论证这一事件的原委过程，学生就会有新的发现，坑儒原本是由术士引起的，坑儒只是涉及儒生。在此基础上还可以进一步让学生论证为什么会涉及儒生，最终使学生对秦王朝的文化专制政策的本质得到深刻的理性认识。这不仅有助于学生拓展视野，还有助于帮助学生打开研究之门，形成以事实为根据的理性认识，提升学生的史学史素养。

其三，中学历史教学已经十分重视“史料分析”，从方式方法上奠定了文选课程培养学生运用历史文献能力的理论基础。中学历史教学的“史料分析”让学生通过提供给他们的既定史料进行分析，直接说明其史料意义和思想观点，这只是历史文献的简单运用。历史文选课程对学生运用历史文献能力的培养正是在这一基础上进一步延伸，是系统化、专业化的培养。

三、中国历史文选教学培养学生运用历史文献能力的基本原则

既然在中国历史文选教学中培养学生运用历史文献能力有着十分重要的必要性和充分的可能性，培养方法就成为需要讨论的问题。讨论这一问题的前提是要搞清楚什么是“运用历史文献的能力”？虽然我们在中国历史文选教学大纲中把培养学生运（使）用历史文献的能力作为规定的教学目的和任务，但对究竟什么是运（使）用历史文献的能力缺乏必要的界定，有关的学术讨论也比较缺乏。以笔者浅见，所谓“运用历史文献的能力”应当主要是指对历史文献性质、内容、价值、特点认

知程度以及依据历史文献提供的内在信息，来揭示历史事实真相和历史现象本质并形成历史知识、历史认识的能力。在中国历史文选教学中培养学生阅读和运用中国历史文献典籍的能力这两个目的中，阅读能力主要解决让学生正确了解历史文献讲了什么，而运用能力则主要解决如何评价和利用历史文献。

就培养学生运用历史文献能力的方法而言，仁者见仁，智者见智。笔者根据过去的教学实验，仅提出一些基本原则以供参考。

第一，坚持运用能力培养与阅读能力培养相结合的原则，根据中国历史文选教学中涉及的文献体裁体例或学术问题，确立培养学生运用历史文献能力的主题和方向。不同的历史文献体裁、体例具有不同的特征和价值，势必也就影响到确立培养学生运用历史文献能力的主题取向。如纪传体历史文献以历史人物为中心，文选教学中本纪、传记的体裁很多，涉及不少历史人物，培养学生利用有关历史文献评价历史人物能力就成为必然取向；典制体方面历史文献则可以培养学生文化制度研究能力；子书体例则可用来培养学生研究思想史的能力；纪事本末体可以用来培养学生研究历史事件和历史现象能力，等等。文选内容中常常会提供一些主要学术问题的基本史料，让学生以此为基础，对在学习中国史课程接触的学术观点进行回溯性论证。这样。通过多层次的课题进行多层次的能力培养，形成立体运用能力。

第二，坚持运用能力培养与阅读历史文献相结合的原则，使学生养成论从史出的史学思维模式。由于文选往往只是选取了历史文献的片断内容，就这些片断材料是无法在论证中获得正确的历史认识的。所以，在运用历史文献能力培养过程中还需要学生补充阅读相关历史文献，教师要介绍获取这些文献的渠道和运用方法，甚至要督促检查学生的阅读情况，解决其所遇到的问题。这样可以使学生由点到面，不断拓展学生的学术研究视野，培养他们搜集文献史料的能力。

第三，坚持运用能力培养过程要由浅入深的原则，使学生逐渐从感知过渡到证知。最初我们可以用简单的课题让学生通过单一的历史文献史料感知历史，逐渐加大选题的力度，使学生适应由简单到复杂的过程。

第四，坚持教师引导与学生自我培养相结合原则，使培养方式多样化。首先，教师在各层次历史文选学习开始阶段，可以从历史文选教学内容中提出选题，做好运用示范，帮助学生掌握各类课题论证的原则和方法。也可从文选中提出已有学术论证的课题，让学生参阅相关的学术论文，学习其中运用方法；其次，教师提出课题，学生去自我完成；最后，由学生自主提出课题，自我完成论证。

中国历史文选教学中运用历史文献能力的培养，与史学概论教学不同，它不是全面传授历史研究方法，它具有实证史学的特征，所以也有它的局限性，我们不能对它要求太多，能达以上之期望，中国历史文选课程教学目的就基本可谓全面实现了。

关于中国历史文选教学方法的一些思考

北京师范大学　姜海军

中国历史文选课程教学是历史学习和研究的一门基础课程，假如我们只是将历史文选课程教学定位为帮助学生“读书识字”、了解古文献的体例与内容，无疑低估或忽视了“历史文选”的存在价值和实践意义。我们在教学过程中运用文字学、训诂学、史源学等方法，让学生自觉动手查阅相关的字词、文献，进行字词、史实的考证和分析，突出教学过程中学生的主体性，注重培养学生的钻研精神，这将极大地调动学生在教学中的参与意识，由此激发他们学习“历史文选”的兴趣，也培养了学生动手分析与运用古文献的能力，最终为他们今后的学术研究打下坚实基础。这些做法在客观上也显现出历史文选课程教学的实际价值和意义。

一

在历史文选教学过程之中我们会常遇到难解字词，有些是常用字词，有些是生僻字词。常用字词在历史文选中出现频率高，加上字词本身古今词义的演变，由此增加了学生学习与阅读古文献的困难，所以我们要尽可能地掌握常用字词，以排除学习历史文选的困难。这对于古文献的阅读有着非常重要的意义，正如张舜徽先生在其《中国古代史籍校读法》一书首章所强调的，“读书必先识字”，如果不认识古代汉字，古籍“根本不能读下去”①。

关于文字学、训诂学的重要性，前贤多有强调，并以此为基础作出了突出成绩，清代学者便是这方面的典型例子。清人在经史考据方面做出了突出贡献，其成就的取得便是出于对文字、音韵、训诂的高度重视和运用。如清人钱大昕就曾说：“有文字而后有训诂，有训诂而后有义理。训诂者，义理之所由出，非别有义理出乎训诂之外者也。”② 考史大家王鸣盛也曾说：“经以明道，而求道者不必空执义理以求也。但当正文字、辨音读、释训诂、通传注，则义理自见而道在其中矣。”③ 皖派创始人、考据学大家戴震更是强调说：“经之至者，道也；所以明道者，其词也；所以成词者，字也。由字以通其词，由词以通其道，必有渐。”④ 他在给友人《古经解钩沉》一书作序时总结道：

> 经之至者，道也；所以明道者，其词也；所以成词者，未有能外小学文字者也。由文字以通乎语言，由语言以通乎古圣贤之心志，譬之适堂坛之必循其阶，而不可以躐等。⑤

---

① 张舜徽：《中国古代史籍校读法》，1页，昆明，云南人民出版社，2004。

② 钱大昕：《潜研堂文集》卷二十四《经籍籑诂序》。

③ 王鸣盛：《十七史商榷·序》。

④ 戴震：《东原文集》卷九《与是仲明论学书》。

⑤ 戴震：《东原文集》卷十《古经解钩沉序》。

戴震这段话非常有名。他认为阅读古圣先贤的经典，只有通过文字、训诂才可以言义理、明大道，除此之外别无他途。其代表作《原善》《孟子字义疏证》，便是通过文字训诂以求圣人之道的经典之作。戴震的这种观点和做法在清代非常具有代表性，清人重视文字、考据，由此形成了影响深远的“乾嘉考据学”。在考据学者们看来，字词是文本的基本要素，也是思想的重要载体，只有通过对文章字词的客观探究，才可以发觉经典中所蕴涵的义理和精髓。

清代考据学派所持的观点和他们由“小学”以通经明道的作法，也不无道理，这也是为什么自古以来，“小学”作为经学附庸的重要缘由。作为经典中的字词，有其本义，也有其引申义、假借义，我们在阅读和解释经典时，尽管不能从字词本身完全获知作者本人的真实意图，但也不能忽略通过字词本义来解读经典思想中的价值和意义。古代经典是经过长期历史演变而形成的实物载体，其中的文字、名物、制度随着时间的推移，意涵发生了较大变化，如果不根据前人注疏和字词工具书，通过由字及词、由词及句、由句及段、由段及篇步步深入的方法，就不可能对经典本义作出客观的理解，更不可能透过客观的经典本义对圣贤之意作出合理诠释。所以清人考据学这种方法对于今天我们讲授“历史文选”还是具有重要的启发和借鉴意义。对此，周予同先生也认同清人重视“小学”的治学方法：“清代戴震、焦循等由文字、训诂到经典研究再到哲理探索的主张和方法，我觉得在今天仍是有效的‘基本功’。”①

另外，历史文选教学过程中重视“小学”，也能培养学生实事求是的治学态度，而不是望文生义，主观臆断地去凭空想

① 周予同：《有关讨论孔子的几点意见》，载《学术月刊》，1962 (7)。

象。字词经过千百年的演变，所表示的意思都发生了很大的变化，如果不从字词的本义或者其产生环境去探究，单凭字词表形或结构来联想，往往会望文生义，从而差之毫厘、谬以千里了。如《孟子·梁惠王上》："为长者折枝，语人曰，我不能。是不为也，非不能也。"其中"折枝"一词，在古代是指按摩、瘙痒等一些解除肢体疲乏的动作。东汉赵岐《孟子章句》就解释为："折枝，按摩，折手节解罢枝也。"罢枝，即疲枝。"折枝"为古代习语，赵岐离战国时代较近，对古代习语较为熟悉，故能准确地解释"折枝"的含义。但是随着时间推移，唐人陆善经不明"折枝"古义，望文生义，解释为"折草木之枝"。表面上很通俗，但实际上是错解。后连朱熹也不懂"折枝"之义，故沿用了陆善经的解释。又清人赵佑《四书温古录》说："《文献通考》载陆筠解为罄折腰枝，犹今拜揖也。"把"折枝"解释为弯腰拜揖，也是望文生义。由此可见，对于古文献中的字词解释，如果不能追本溯源，借助前人经传注疏等小学成就，就不能了解字词本身所具有的特定意义。相反就会望文生义、人云亦云，进而在研读古文献时增加很多不必要的误读。

总的来说，将文字学、训诂学运用到历史文选教学过程中，通过对字词、章句、段落的逐步分析，从而获得对文章大意的真正掌握。正如张舜徽先生所言："积字成句，积句成章，积章成篇。读书必从识文字、明句读入手，而后进一步厘析篇章，去推敲每章每篇的大意。"① 如果我们不能深入分析、讲解所选篇目中的字词，我们就不太可能吃透所选篇目的整体意思，更不可能通过所选篇目所蕴涵的深意作进一步的诠释。

---

① 张舜徽：《中国古代史籍校读法》，25页，昆明，云南人民出版社，2004。

二

在教学的过程中，如果我们对常用的字词只是见到就查，或者直接告之学生，尽管可以实现高效的教学目的，但是对于培养学生古文献阅读能力而言，却收效有限。“知之者不如好知者，好知者不如乐之者”，所以调动学生的自觉求知欲，培养学生对学习历史文选的兴趣，显得非常重要。作为古文字，不外乎形、音、义，而研究它们的学问就是传统学术所言的文字学、音韵学、训诂学。只要学生掌握了“三学”的实用部分，“就可对每个汉字有非常深刻的理解，从而不但可准确把握每个字的各种含义，而且还可举一反三，即在离开老师之后仍能运用这些知识不断提高古汉语水平”①。汝企和教授不仅在其主编的《中国历史文选》中，而且在实际的历史文选教学过程中，都很好地贯彻这样的原则，即引入“小学”知识，以此作为解决“文选”教学难点的有效手段，从而取得了非常好的效果。

如我们讲解《诗经·七月》：“嗟我农夫：我稼既同，上入执宫功。”其中的“执”字在古汉语中出现的频率非常高。如果考察一下“执”字的意涵演变过程，揭示出其本义、引申义、假借义，这对于加深学生解读与“执”字相关的章句就会很有帮助。就“执”而言，本来是会意字。“执”字的甲骨文和金文，在形体上都类似一个带着手铐并半跪的犯人。小篆“执”字，尽管作了一些简化，但依旧可以从字形看出，它表

① 汝企和：《中国历史文选》，前言，1页，北京，北京师范大学出版社，2008。

示犯人戴着手铐。“执”字本义，许慎《说文解字》解释为：“执，捕罪人也。”即拘捕、捉拿之义，这与字形表征一致。“执”字的本义在古文献中多次出现，如《韩非子·外储说左下》：“卫君欲执孔子，孔子走，弟子皆逃。”《左传·僖公五年》：“遂袭虞，灭之，执虞公。”《新唐书·逆臣传下·黄巢》：“是时柳彦璋又取江州，执刺史陶祥。”这三处“执”字，都表示“捉拿”、“捕捉”之义。“执”字本义通过引申，可以表示“握着”之义。如《诗·邶风·简兮》：“左手执籥，右手秉翟。”《荀子·哀公》：“上车执辔。”这两处“执”都表示“握着”之义，为“执”字本义的引申。另外，由“执”字引申义“握着”还可以继续引申出“主持”、“主管”等义，所谓“执牢狱者”，即表示主管牢狱的官吏。“执政”就是指主管政权的人。此外还有别的引申义，如“控制”、“统御”、“从事”、“执行”、“坚持”等义项。而《诗经·七月》中的“上入执宫功”的“执”字，便是“执”字本义的引申义，表示“从事”、“服役”之义。“执”字的各个引申义虽然彼此不同，但是都与“执”字的本义“拘捕”、“捉拿”有着很强的内在关联性。所以我们在教学过程中，只要让学生亲自动手借助工具书去查找字词的本义及其引申义，相信学生对“执”以及与“执”相关的章句就可以得到深刻的理解和记忆，从而实现了教学上举一反三的效果。

又如《史记·吴太伯世家》：“越王勾践率其众以朝吴。”其中“率”字是个常用字。这个字为象形字，从甲骨文、金文、小篆的字形可以看出“率”字中间为“网”形，两侧的四点表示向下的水滴，可见“率”的字形为“渔网”①。对于字

① 左民安：《细说汉字》，105页，北京，九州出版社，2005。

义，许慎《说文》解释为："率，捕鸟毕也。象丝网，上下其竿柄也。""毕"是古代田猎用的长柄网，许慎认为"率"为"鸟网"。无论是"渔网"还是"鸟网"，都表示捕捉用的网，此即"率"之本义。由"率"的本义可以引申为"网罗"，如《孔丛子·居卫》："率得此人，则无敌于天下矣。"意思是说："只要网罗到这个人才，国君您就可以天下无敌了。"另外，又据此可以继续引申为"聚敛"，"征收"，如《旧唐书·德宗纪上》："自艰难以来，征赋名目颇多，今后除两税外，辄率一钱，以枉法论。"《新五代史·杂传·杜重威》："契丹据京师，率城中钱帛以赏军。"此两处都表示"聚敛"、"征收"之义。此外，继续可以引申为"率领"、"带领"，如《唐宋八大家文钞》卷三《与祠部陆员外书》："喜率兄弟操耒耜而耕于野。"《说岳全传》第二十二回："即着来京受职，率兵讨贼。"此两处都表示"率领"、"带领"之义。而《史记·吴太伯世家》中的"率其众"的"率"意涵便是本义的引申义。这些"率"字在不同的语境中，意思不同。但都与"率"字本义有内在的关联性，只要我们掌握了"率"字的本义，就可以很容易地理解和掌握这么多的引申意义。

从以上两个例子可以看出，我们在教学中通过重视小学，考察字词意义的演变，尤其是借助甲骨文、金文、小篆等字形，形象地向学生展现出字词的本义、近引申义、远引申义，极大地增强了学生对历史文选中古代字词的理解与记忆。而学生通过了解字形演变，举一反三，从而加深了对字义的理解，并取得良好的教学效果。毕竟文字的产生，从原始图画文字开始，历经了甲骨文、金文、大小篆、隶书、楷书等主要演化过程，它们在内涵上是一个连续不断丰富完善的过程，所以我们借助这个规律，将之运用到教学过程中，既丰富了课堂内容，也增强了学生学习古文献的兴趣。不仅如此，在实际的教学组织过程中我们可以以布置作业的形式，让学生利用《说文解字》《古文字类编》《说文通训定声》《经籍籑诂》《辞源》《辞海》《汉语大字典》《汉语大词典》《古文字诂林》等工具书，查询所学“历史文选”篇章中的常用字词，发挥学生的积极性和主动性，让他们明了古文献中的字词本义、引申义之间的演变关系，让知识传授变成一种主动的求知探索。通过让学生参与到老师的课堂教学过程之中，形成教与学的良性互动，最终将极大地提升“历史文选”课程的实际效果与存在价值。

三

在历史文选课上，我们强调“小学”的作用，就能够极大地增强教学的实际效果。但在实际的历史文选教学过程中，这对培养且提升学生阅读古文献的能力还是远远不够的，我们还需要进一步的努力。毕竟历史文选课程不同于古代汉语，古代汉语课程旨在熟识古代字词和语法，而历史文选则要实现学生独立、自如地阅读和利用古文献，并最终实现借助古文献进行学术研究，这才是历史文选课程教学的最终目的。

我们在历史文选教学过程中，除了对字词、章句的考察，还经常将涉及很多名物典制、特定史实的详细考索。具体做法上，我们可以借鉴近代史学大师陈垣先生所创立的史源学。史源学是我国近代著名史学大师陈垣先生于20世纪三四十年代创立的，其目的在于通过考证、考据的方法加深学者对文献的理解和运用。陈垣先生所开设的“史源学实习”课，第一步便是选出古文篇章，要求学生“将文中人名、故事出处考出”，或者说，“追寻其史源”[1]。如陈垣先生自己通过搜索《通典》《唐会要》《通鉴》《旧唐书》《新唐书》《杨太真外传》等史料以及朱彝尊、杭世骏、章学诚等人的记载，考证了“杨贵妃入道之年”[2]。陈智超先生评论认为，作为唐史研究中的一桩公案，陈垣先生通过史源学考证的方法，得出的结论与陈寅恪先生在《元白诗笺证稿》所考证的结论相同。由此可见史源学的意义所在。

史源学对我们讲授历史文选多有借鉴意义。如《尚书·牧誓》是“历史文选”常选的一篇文章，其中有一段原文说：“今日之事，不愆于六步、七步，乃止齐焉。夫子勖哉！不愆于四伐、五伐、六伐、七伐，乃止齐焉。勖哉夫子！”这段话翻译为白话文便是说，“今天的战斗，每前进不超过六步、七步，就停下来，整顿一下队形，保持整齐。勇士们，努力啊！刺杀时，不超过四次、五次、六次、七次就停下来，整顿一下队形。勇士们，努力啊！”这无疑表明周武王是在鼓励士气。但是这里需要注意的是，《牧誓》是一篇战争誓词，为什么会叫将士们前进六、七步就中止一下？这就需要我们查阅大量的资料去分析原因，找出确切的或者说是比较合理的解释。汉魏以来的学者诸如郑玄、伪《孔传》、蔡沈、吕祖谦等一般都解释为端正行列，一致行动[3]。这些解释过于牵强，因为在战场上如此循规蹈矩如何去作战呢？对于这个问题的解答，刘起釪先生的观点值得关注，他受顾颉刚先生的启发，在《古史续辨》中撰文认为《牧誓》是一篇记录战争舞蹈的誓词，他根据

① 陈智超：《陈垣史源学杂文》（增订版）前言，8页，北京，三联书店，2007。

② 陈智超：《陈垣史源学杂文》（增订版），94页，北京，三联书店，2007。

③ 顾颉刚、刘起釪：《尚书校释译论》，1107页，北京，中华书局，2005。

人类学资料分析，古代人信仰带有巫术色彩的原始舞蹈，这对于他们的狩猎、战争、祭祀来说非常重要，故在牧野之战开始之前，所有参战将士宣告加入出征，即表示参加作战进行宣誓的仪式，要举行一个隆重的战争舞蹈，由此顾颉刚和刘起釪两位先生得出六步七步、六伐七伐等都是军事舞蹈动作①。刘起釪先生为了证实这个观点，搜罗、考证了《尚书大传》《诗经》《周礼》《礼记》《史记》《白虎通》《华阳国志》等大量的历史文献，作了非常翔实的论证。得出了与汉魏以来学者不同的结论："其实古代的注疏家都不知道，六步七步、六伐七伐等，都是舞蹈动作。这次举行的是一次军事舞蹈。"② 这个结论今天看来比较合理，因为我们从《牧誓》本文中，也可以得到一些举行这种战争舞蹈的证据，如篇首说周武王手中拿着黄钺、白旄进行指挥，在我国古代的习俗里，本来作为统帅指挥部队军事行动用的黄钺和白旄也就成为指挥舞蹈的用具；而战士们手中的干戈矛等，除了作为武器外，也是战争舞蹈中所执的舞具。③ 另外，我国古代确实有战争之前歌舞助战的习俗，如汪宁生先生撰文就认为，这种战争舞蹈在新中国成立前我国西南少数民族中间非常流行。④

顾颉刚、刘起釪两位先生的这个观点是否正确，我们暂且不论。但就方法而言，我们从他们那里学到了如何选择文献、利用文献来理解并解释古代字词。可以看出，顾、刘两位先生对这个古代字词的考察在思路上与陈垣先生所创立的史源学如

① 刘起釪：《〈牧誓〉是一篇战争舞蹈的誓词》，《古史续辨》，北京，中国社会科学出版社，1991。

② 顾颉刚，刘起釪：《尚书校释译论》，1108页，北京，中华书局，2005。

③ 同上书，1106页。

④ 汪宁生：《释武王伐纣前歌后舞》，载《历史研究》，1981（4）。

出一辙。我们在教学过程中，也可以运用史源学的方法就很多特殊字词、名物典制为学生作以分析、解释。不仅如此，我们也应该让学生以此方法主动去查找难解的名物典制，以培养他们独立思考和解决问题的能力，目的在于让他们参与到教学活动中，实现教与学的互动和双向提升。与此同时，学生在查阅和运用古文献进行名物典制与史实考索，也会学到很多历史文献学的基本知识。如白寿彝先生曾说："考证，又称考据。它的具体途径一般是广集资料，鉴别真伪，究明正诂，分类归纳，以求得对正确解释历史问题的史料依据。考证之学跟目录、版本、校勘、辨伪、辑佚、注释之学有密切的关联……考据之学在一定程度上就是目录、版本等文献之学的综合运用，而考据的方法又是文献研究进行到一定程度时必不可少的。"① 所以说，如果我们在历史文选教学过程中，有意识地运用"史源学"来教学，运用妥当，将会实现"历史文选"与古文献学、历史研究的完美结合，对于培养学生的兴趣与研究思路无疑具有非常重要的作用。这其实也是陈垣先生开设此课程的重要目的，如他所云："一一追寻其史源，考证其讹误，以练习读史之能力，警惕著论之轻心。"②

结　语

中国历史文选是高等院校开设的一门基础课程，其目的旨在提高学生阅读和利用古文献的能力。如果只是单纯强调目

---

① 白寿彝：《史学概论》，111页，银川，宁夏人民出版社，1983。

② 陈智超：《陈垣史源学杂文》（增订版）前言，2页，北京，三联书店，2007。

的，而没有过程，这无疑会消解学生学习此课程、老师教授此课程的兴趣和意义。我们把文字学、训诂学、史源学等方法运用到历史文选的教学过程中，将古代字词篇章的学习与古文献的运用相结合，将“能力培养”寓于“知识学习”的过程中，这不仅能够培养学生学习历史文选的兴趣，增强了教学的效果，也将在真正意义上实现历史文选课程培养学生阅读、利用与研究古文献的能力。当然，我们在强调“小学”与史源学在历史文选教学过程中作用的同时，也不应该回避因单纯强调它们而产生的不利因素。因为历史文选是由若干篇具有独立意义的篇目组成，如我们选择了《尚书·牧誓》《诗经·七月》《左传·城濮之战》《史记·秦始皇本纪》《汉书·艺文志序》等。而这些优美的文章，是独立于原来的整部作品而存在。我们在实际的教学过程中，如果离开了对《尚书》《诗经》《左传》《史记》《汉书》等作品背景知识的理解，我们在讲解《牧誓》《七月》《城濮之战》《秦始皇本纪》《艺文志序》等篇章时，就会面临很大的解读困难，至少我们不能完全明了各个篇所要表达的作者真实情感和文本所要表达的“特定的意义”。所以，我们在注重文字学、训诂学、史料考据的同时，也应该关注所选文本所产生的历史语境及其所蕴涵的价值与意义，这将更能让学生体悟到每一篇文章的精彩。

其　他

关于高校中国历史文选课程改革的几点建议

西北师范大学　潘春辉

中国历史文选课是我国高校开设时间较长的传统课程之一，是高校历史专业的工具课程和专业基础课。该课程内容极为丰厚、覆盖面较广，历史学、文学、文字学、版本学、训诂学、音韵学、校雠学等各学科的知识交织于一体。其主要目的“在于通过各种典型的历史作品，培养学生阅读并运用一般文言文史料的能力，也向学生介绍一点有关中国史料学和中国史学发展概况的常识”。[①] 这门课是史学大师陈垣先生在 20 世纪 20 年代初首先开设的，陈垣先生曾在北京大学开设史学名著选读和历史名著评论两课，一直到新中国成立以前，这两门课也都在辅仁大学开设，后来，他的学生著名史学家柴德庚将他们合而为一，称作中国历史要籍介绍及选读，又称为中国历史文选。20 世纪 80 年代后高校历史系广泛开设此课。在长时间的教学与科研活动中，广大教师在历史文选的教学上已经积累了一定的经验，取得了较大成绩。然而在实际的教学与学习中

① 周予同：《中国历史文选》（上），上海，上海古籍出版社，1979。

该课程却往往呈现出学习针对面窄、学生领悟程度不高等问题。学生惑于此，常会提出诸如历史文选课与中国古代史有何区别？学习繁体字有什么用途？中文系是否也开设历史文选课等问题。对此，笔者认为应对历史文选课进行相应的改革与调整，以利于该课程更好地发展。

一、存在的问题

从要籍介绍部分来看。首先，中国历史文献浩如烟海，该课程将主要的典籍介绍出来，然而即使如此，对普通本科生而言要想对其完全掌握存有困难。由于要籍数量较多，教师仅能对其做简单介绍，或仅能就历史典籍作条条罗列，无法深入讲解。部分学生反而存在教师讲解得越多，混淆得越多的问题，对普通本科生而言较为枯燥。其次，一般而言，学生仅能从该课程的介绍中对历史典籍做大致的了解，若不能结合原书的阅读与比较，就无法体会出该典籍的重要性与价值。仅依据教师或课本讲解来了解中国历史重要典籍，学习较为被动，在考试中学生对历史要籍价值的评价往往也是大同小异。最后，要籍介绍部分会涉及该典籍的版本问题，涉及版本学的内容，还会涉及目录学的内容，在讲解中势必会对目录学、版本学等知识进行讲授。学生会认为该课程涉及知识太多，学习有困难。并且学生认为版本学、目录学等相关知识日后应用机会很少，学习重视程度不够，反而形成教师简单讲解、学生不甚理解；教师深入讲解，学生不愿理解的局面。

从选文部分来看。第一，历史文选课在历史系开设，然而其内容却多涉及文学、文字、训诂等内容，除要籍介绍之外的选文部分是学生学习存在问题较多的部分。在选文中，学生要认识并掌握常见繁体字，要学习古文的翻译、断句、标点，要了解古文字的不同用法、含义及其演化，要背诵并默写相关篇章等。这样在选文部分学生就需掌握较多的文学知识、文字知识，这对于历史系的普通学生而言有一定困难。若教师仅简单讲授，学生则无法掌握更多知识；若教师深入讲解，学生则存在理解困难。第二，选文部分与要籍介绍部分的授课时间的分配也存有争议。不同教师对要籍与选文的重视程度不同，讲解时间亦不同，若花较多时间讲解选文，学生则会认为该课程与历史关系不大，应在中文系开设；若花较多时间从事要籍的介绍，则存在学生对选文内容不甚理解的问题；若要两者兼顾，则又有课时不足的矛盾。第三，选文部分的著名篇章要求学生熟读并背诵，而部分学生认为太过枯燥，并对此存有一定的抵触情绪。第四，选文部分皆由繁体字书写，目的是培养学生阅读历史原始文献的能力，然而实际中部分学生对繁体字知之甚少，对古文较难通读，而有相当一部分学生对繁体字书写存有较大难度。学生认为繁体字与现代社会相去甚远，对是否有必要学习繁体字存有疑惑。第五，由于选文部分内容涉及较多文学、文字等方面的内容，在教授时学生常存有该课程是否是交叉学科的疑问。

从教材的版本看。现在有关中国历史要籍介绍及选读的教材不少，这些教材在培养学生阅读历史古籍能力和介绍史学著作内容与成就方面，都作出了很大贡献，在篇章选择、语句注释方面各具特点，各有所长。但这些教材大多是 20 世纪 50 年代、20 世纪 80 年代和 20 世纪 90 年代编写的，随着 21 世纪教改的不断深入，中国历史文选类教材显得老化，与学生求知需要的矛盾日渐显露出来，[①] 而且各教材之间的介绍也存有区别，甚至说法不一，个别学生在阅读后常会惑于不知该按照何种教材学习。

从学生的重视程度及积极性看。由于历史要籍与中国古代史的内容有相通之处，有的学生认为该课程是中国古代史的补充课程，重视程度不高。由于该课程涉及内容较多有学生认为该课程枯燥无味，对该课程的学习热情不高，并未形成热爱学习该课程的氛围。

从教学方式方法看。一般，历史文选课多为满堂灌式教学，教师讲授占据课堂绝大多数时间，学生被动听课，主动意识不高，课堂效果不佳。由于所涉知识较多，学生常有课堂记笔记、考前背笔记的学习模式，自主学习较少。

此外，该课程还存有课时少、学习针对面窄、学生领悟程度不高等问题。如我校历史文选课程一周两课时，远不能满足教学需要。故这些问题的解决需要对该课程进行相应的改革与调整，方能促进该课程的良好发展。

二、几点建议

以上我们对历史文选课所存在的问题进行了探讨，下面仅就上述问题提几点建议。

第一，历史文选课一般在历史系开设，而其内容涉及面较广，学生学习存有一定难度。所以建议在大学入学时就应为历史系学生开设或建议学生选修诸如古汉语、文字学、训诂学等

① 夏诗荷：《中国历史文选课教学刍议》，载《克山师专学报》，2003 (1)。

方面的课程，使学生具备一定的学习基础。在此基础之上再进行讲解，可做到事半功倍。同时在历史文选课的讲授中可请文学方面的专家进行部分选文的讲解，或使学生选修、旁听中文教师开设的选文导读课，以利于选文的学习与掌握。

第二，传世历史典籍皆为繁体字书写，为了使学生具备阅读历史典籍的基本能力，需要熟悉并掌握繁体字的书写。对此建议，一方面，在历史文选课的教材编写中可加大繁体字使用范围与力度，不仅在选文中使用繁体字，亦可在要籍介绍中多使用繁体字，拓宽学生接触繁体字的范围，从眼熟达到心熟。另一方面，可在教学中专设书写课，要求学生以繁体字抄写课文或书写文章，从而使学生掌握常见繁体字的读写。

第三，历史文选课是历史系的基础课程之一，内容涉及较广，故在实际的教学中教师需花费较大精力讲解，而学生却并不一定完全领悟。所以建议应增加历史文选课的课时，至少调整为一周四课时。

第四，增强学生对历史文选课的重视程度。可经常性地开展经典文献朗诵比赛、繁体字书写比赛等形式的课余活动，从而提高学生学习的积极性，并形成学习历史文选课的良好氛围。

第五，可以采用不同的教学方式与授课方式，以提高学生的学习兴趣。如采用多媒体教学方式，“将多媒体网络技术和研究性教学模式运用到中国历史文选教学中，是传统历史专业基础课程在新形势下的探索与尝试”。① 利用多媒体教学可向学生展示相关图片或影片，一方面可提高学生学习的积极性；

---

① 刘新慧：《关于高校〈中国历史文选〉课程教学的两点思考》，载《内蒙古农业大学学报》，2008（6）。

另一方面还可放宽学生的视野，从而加深对文献的理解。同时还需注意调整授课方式，使授课方式多样化。讲课时还可在讲授中穿插一些著名人物的逸闻轶事，以增强课程的趣味性等。

第六，有条件的学校可配备专门的历史文选工作室，将历史文选课程所列重要典籍陈列出来，课程讲解可在历史文选工作室进行，方便学生翻阅古籍。一方面加强了学生对文献的直观了解；另一方面还可使学生在不花费课余时间的情况下进行古文献阅读，既节省了时间，又拓宽了学生的阅读范围。

以上是针对历史文选课的教学所提几点建议。而对于从事历史文献学术研究的教师或科研人员而言，历史文献在论文的发表或科研项目的申报等方面亦存有一定难度。历史文献的整理与研究是需要较长时间的积累方能完成，需要长时间埋头于历史典籍当中，而对历史典籍的整理与研究又是历史研究的基础之一，没有对历史文献的精深研读及准确把握难以将历史问题透彻领悟，所以建议应放宽历史文献专业论文发表的年限，加大对历史文献整理及研究方面的科研支持力度等，以促进其更好的发展。

寓教于“选”，推进中国历史文选课程建设

安徽大学　周怀宇

新中国的高等院校历史学教育创建了中国历史文选课程，成为高等院校历史学教育的专业基础课程。经过了将近60年的历程，这门课程的建设是成功的，获得了全国教育界和学术界的广泛认同。几乎所有历史学科都开设了这门课程，甚至有些相近的文科院系也开设这门课程。认真总结其成功经验，有利于继续推进这门课程的建设。

一

这门课程建设的成功经验很多，其中值得总结的重要一点，在于一个“选”字。

何谓选？包含四个方面的含义：即选编文献，选编文献作品，选编作品名段，选讲教学内容。这四个层次的“选”，分解了中国历史文选课程的四个主要活动环节，每一个环节既相互联系，又各有独特的意义而相互区别。

其相互联系的方面，亦即四个环节的共性，规定了这门课

程的建设目标、对象和性质，突出的有以下三个方面的共性。

第一，共同的建设目标。周予同先生主编的《中国历史文选》第三版，前言提出，这门课程建设的“主要目的，在于通过各种典型的历史作品，培养学生阅读并运用一般文言文史料的能力，也向学生介绍一点有关中国史料学和中国史学发展概况的常识”。纵观新中国成立以后出版的各种中国历史文选（以下简称文选）教材，关于这门课程教育目的的阐述，尽管文字表述详略不一，但是基本上与周予同先生提出的这一理念相一致，即培养学生阅读并运用文言文史料的能力。这一理念贯穿了该课程建设的各个环节，已经形成了共识。

第二，共同的学术平台。该课程明确的教学目标，规定了该课程明确的教学内容，即讲授中国历史文献及作品。中国历史上留存的古典文献十分丰富，铸成了传承中华民族历史文化的广阔平台。无论哪一所高校，都在同一平台上建设这门课程，因而决定了该课程建设的基本规律：具有同一性和多样性。其同一性即具有同一历史文献源泉；其多样性在于这一平台十分广阔，为各个高校建设各具特色的文选课程提供了自由的空间。

第三，共同的学科任务。除了上述两个共同点以外，该课程还具有一个重要的共同属性，即历史学学科的属性，无可讳言应该承载历史学学科的建设任务，其教学内容应该归属历史学特性的范畴。中国历史上的学术文化中史学较早形成，历史学方面的文献积累尤其丰厚，种类和数量为世界惊叹。这一丰厚的学术资源不仅为建设文选课程提供了优越的历史条件，也为这门课程建设带来强大的驱动力。

二

上述三个方面的相互联系为高等院校中国历史文选课程建设带来了共性的特色，也为课程建设的四个环节提出了不同的任务。

选编文献是文选课程建设的第一环节，选好典型性文献，揭示中国历史文献的主要类别，触类旁通，认识中国历史文献的基本规律，指引阅读的范围，这是培养阅读能力的第一步。周予同先生主编《中国历史文选》（第三版）共计选编 57 种文献，通过每一种文献的“解题”部分，举一反三，累计介绍了 280 多种文献（其他历史文选教材也有类似的现象）。通过选编一系列各具特点、具有一定代表性的文献，开拓阅读历史文献的视野，阅读的途径自然显现。有些学者称之为“知书”，视为历史文选教学的一个“主题”。这一环节如何操作？不可忽视所选文献的典型性。关于典型性文献，应该考察以下四个方面：

第一，选择优秀的的文献典籍。哪些属于优秀文献，有一个简单的判断方法，即重视历史“名著”。所谓名著，实际上是中国长期历史传承中经过历代学人批评、检验的文献，这类文献已经接受了历史的选择。古往今来，用目录学、训诂学、校勘学、辨伪学、辑佚学等各种治学的途径，介绍中国历史名著的著作不乏其人，亦不乏其论。当代关于历史名著的介绍不下数百种。检讨这些介绍历史名著的文献，不难看出历代学人，包括当代学者关于历史文化遗产的惊人的共识。例如，《史记》《汉书》等几乎都视为名著，成为史学中的经学。这一现象的原因并不复杂，历史名著本来就是历代学人的选择，历史上阅读的人多，具有广泛的阅读群，有广泛深刻的讨论，传递的历史信息量大，因而具有代表性。

第二，选择具有历史学特性的历史文献，这是历史学科的要求，便于利用所选的文献学习和研究历史。中国史学文献的积累尤为丰富，客观上为历史学科建设提供了优厚的学术资源，也为汲取历史精华、推动当代史学研究提供借鉴。很多学者都注意到这一方面的，历观新中国成立60年编撰的文选教材，基本上体现了这一鲜明特点，而且在选编史学体裁的这类上比较齐全。如果用古典目录学的眼光来看，史部目录的二级分类的各个种类的文献都有所选择。用《四库全书总目》来衡量，史部下面的15个分类的文献，几乎都有所选择。在“六经皆史”、“二重证据法”、“以诗证史”等史学理论的支配下，经史子集下设的45个分类的文献几乎都有所选择。张大可、邓瑞全先生主编的《中国历史文选》进而选编了《四库全书总目》这一经典文献，体现了继承古典目录学的学术理念。张衍田先生编著的《中国历史文选》直接利用了古典目录学中“经史子集”的分类，作为全书的框架结构。其他教材，也在选编历史作品中体现了这一思路。例如周国林先生主编的《中国历史文选》中选编了《汉书·刘歆传》；高振铎先生主编、张家璠先生副主编《中国历史要籍介绍及选读》中选编了《汉书·艺文志序》等，不难看出，其旨归是深化提高学生认识史学种类的能力。

第三，选编有特色的历史文献。有些历史文献的体例和内容有新的演变，并且具有一定的学术价值，显示了同一体例文献中的新的特色。例如，《晋书》属于纪传体，但是新中国成立以来出版的很多教材在选编《史记》《汉书》等纪传体文献时，仍然选编了这一文献。究其原因，《晋书》创造了"载记"的体例，为记载中国多民族历史发展的历史总结，提供了体例方面的史学经验，显示了中国史学体例适应社会历史发展而发展的学术创造。同样的道理，魏收编修的《魏书》也常常被很多学者选编，原因之一是该文献直接撰修了中国历史上少数族贵族创建的政权，而且增修了《释老志》，带来了纪传体文献编修成分的新特色。

第四，选编新中国成立以后有重大研究成果的文献。甲骨文、金文、简牍、敦煌文书等被称为"新文献"的家族，显示新中国成立60年来的学术成就在中国历史研究中成为一块重要基地。从1961年周予同先生主编的《中国历史文选》，到2007年最新出版由何晋先生主编的《新编中国历史文选》，都体现了这一选编的理念和共识。

选编历史作品，属于该课程建设的第二环节，也是主要的环节。一篇选文就是构建一个阅读平台，通过各别选文，提高阅读史料和应用史料的能力，借以进一步认识各种文献的特点、性质、学术价值、历史局限等。构建哪些平台？亦应有四个基本理念：揭示中国历史发展基本线索；体现唯物史观，兼顾政治、经济、思想文化等；体现与时俱进的历史观；体现古典文献特性，如传、疏、注、解等文体。

第一，何谓体现中国历史发展的基本线索？即注意选编揭示每一段历史的典型历史作品，用历史选文揭示中国历史文献具有记载中国历史的延续性，也有利于从历史文献学习中深化认识中国通史的概貌。从新中国编纂出版的各种历史文选教材看，自觉不自觉显示了这一特点，不仅选编了反映各个历史时期历史的文献，而且在编排上体现了时间的顺序，有效地发挥了中国历史文选课程与中国历史学习相互配合的作用，其学习和运用史料的能力在“随风潜入夜”中提高。例如大多数文选教材都选编了《尚书·牧誓》或《尚书·汤誓》，这对于认识夏商王朝、商周王朝的历史演变，具有一定的意义；《史记·秦始皇本纪》的选编，对于认识中国封建的统一的中央集权的郡县制社会历史，从历史人物活动中增加非常丰富而又感性的认识。

第二，体现马克思主义历史观。这是新中国历史文选课程建设的重大特点，也是重大的教育成果。几乎所有的文选教材都能够运用唯物史观选编历史作品。马克思主义唯物史观的鲜明特点，强调社会历史的三维结构：即经济基础、上层建筑、意识形态三个方面。周予同《中国历史文选》开宗第一篇选编的甲骨文《武丁卜辞》，即是反映商朝使用奴隶进行农业生产的历史，揭示商朝奴隶社会的历史性质；选编《诗·七月》等，借以揭示当时社会经济发展的历史水平；选编《世本·作篇》等，借以揭示社会生产力发展的历史水平；选编《后汉书·党锢列传》，借以揭示东汉末期世家大族和豪强专权的政权结构；选编《史通·六家》等，借以从学术文化方面揭示同时期历史的意识形态。所有这些，都是寓马克思主义唯物史观于各种历史作品选编的匠心。

第三，何谓体现与时俱进的历史观？新中国成立 60 年以来，社会历史观也在不断发展。1988 年 9 月，邓小平根据当代科学技术发展的趋势和现状，提出了“科学技术是第一生产力”的论断。随着邓小平理论的深入发展，“科学技术是第一生产力”的论断进入了该课程的建设。2006 年，周国林主编的《中国历史文选》选编了贾思勰《齐民要术·序》、明代科学家徐光启《几何原本序》；张大可、邓瑞全主编的《中国历史文选》（2007 年）选编了明代科学家宋应星《天工开物·

序》。其他文选教材选编历史上的科技人物及科技作品也屡屡有之，形成了弘扬传统科技文化的学术教育思路。其他如廉政、法制、民族等观念的加强，也对文选课程建设产生了一定的影响，很多吏治、刑法志、少数族历史文献等选文，被选编进入文选教材，进入文选课堂。张大可、邓瑞全主编的文选教材第十二单元专题选编了很多典型记载少数族历史的文选。又如社会上关于“国学”的学习和研究的热情正在不断升温，有些学者能够适应形势发展，在文选课程适当增加了“国学”文选，2006 年周国林主编的《中国历史文选》显示了这一特色。

第四，何谓体现古典文献特点？历史文献在历史传承中，传、疏、注、解等训诂的文献，不仅揭示原文献的内涵，也拓展原文献的内容。如“春秋三传”、“水经注”等，为了揭示这类文献的学术价值，适当选编这类文献，连同原文献一并编入教材，有利于增强历史专业的学术修养和研究能力。例如周予同先生选编的《水经注·鲍丘水》篇，“经文”顶格排版，注文另起一行，空两格排版，经文、注文相互比较，不仅记载了北魏时期北京郊区部分水道及其水利工程的兴修，保存了研究北京水资源的早期资料，也显示了经、注之间学术发展的源流关系。

选编历史作品名段，也称为“节选”，这是第三环节，是对于前两个环节（选编文献、选编文选）的补充。很多典型的历史文献的部分章节、段落，具有文选学习和运用的价值，应该予以灵活选编，节选其有价值的部分，进行学习和研究。用节选的方式搜集这些散金遗珠，也有利于培养爬梳钩剔史料的能力。周予同主编的《中国历史文选》（第三版），即有很多这样的节选：《史记·六国年表序》《汉书·百官公卿表序》《宋书·谢灵运传论》《明儒学案·凡例》《文史通义·永清县志舆地图序例》等均属于节选。节选“名段”，篇幅短小，既能够揭示文献的精华，又能够减少篇幅，浓缩教学任务，减轻学习负担。近年来新编纂的文选教材，选编国学方面的文选，也采取了节选的编纂法，例如周国林主编《中国历史文选》中《老子》《论语》《礼记》《周易·系辞》等也采取了节选编纂法。

选讲教学内容。这是中国历史文选课程的第四个环节，是课堂实践的重要环节。这一环节的“选”，包含前三个环节中“选编文献”、“选编选文”、“选编名段”的再运用。在文献选讲方面，可以有详有略。例如纪传体文献，《史记》详细介绍《史记》，其余《汉书》《后汉书》《三国志》《魏书》《晋书》等，通过对比选讲其演变和新的特点，减少雷同的课堂教学内容。文选作品方面，亦不能够全部详讲，大多数文选教材中，《史记》《汉书》文选比较多，有的多达 10 篇，其中有些选文，可以依据课堂教学时间，选讲部分段落。例如《汉书·食货志》中“赵过代田法”选段，不仅记载了汉武帝农业政策的变化，也记载了汉武帝时期“劝农”“教农”的农业生产历史，记载了这一时期农业技术的发明创造和推广，记载这一农业改革带来的粮食产量的增长。这一段落不到 1 千字，浓缩了很多历史信息，详细选讲，大约 1 个课时，有利于加深对《食货志》特点的认识。进而加深对《汉书》文献特点的认识。

三

中国历史文选课程的设置，突出的矛盾是教材内容丰富而教学课时不足。自 20 世纪 70 年代后期，恢复高考招生以后，中国历史文选课程设置经历很多变化。笔者亲历安徽师范大学和安徽大学前后 35 年的教学实践，特将其课程设置的变化，列表如下：

年　代	课程设置	周学时	总课时
20 世纪 70～80 年代	4 学期	4	288
20 世纪 80～90 年代	3 学期	4	216
20 世纪 90 年代～20 世纪末	2 学期	4	144
21 世纪初	2 学期	3	108
2009 年	2 学期	3	108

教学设置的课时渐渐减少，其因素很多，这里暂不讨论。但是文选课程的性质和教学任务没有因为教学课时减少而变化。近年来不断出版的各种中国历史文选教材的“序言”、“前言”、“绪论”，都清晰地表明了这一宗旨。这就要求授课教师适应形势的变化，做出灵敏的反应，处理好教学课时减少和教学任务不变这一矛盾。选讲，是解决这一矛盾的重要途径。必须说明一点，选讲不是削减教学任务；选讲教学内容，属于课堂教学实践环节，对于前三个环节的内容进行有机组织和灵活运用。借以调节教学课时有限和教材分量重、教学内容多的矛盾。必须坚持既定的教学目标，不能够不问效果而阉割教学质量。必须坚持制定合理的教学大纲，精心备课，提炼精选有代表性的文献、文选、节文，最大限度体现这门课程的教学效果。教师制订教学大纲和教学计划，可以有较多的时间和学生互动，通过作业练习、课堂讨论等，提高学生的阅读和分析史料的能力。安徽大学历史系 2006 级一名学生就是通过作业练习和课堂讨论，撰写了一篇有一定说服力的读史札记。

选讲其实也不是今天的发明创造，而是中国传统治学方法的继承和发扬。春秋时期教育家孔子，就采取了选编了6种文献的教育课程，成功地培养了一批又一批的优秀弟子。孔子选编的《诗》，据说只有原诗的十分之一："诗"三百，即是对于三千多首诗歌的精选；书，也是对于先秦档案文献的选编；春秋的笔法，"笔则笔，削则削"也包含了选。南梁萧统的《昭明文选》，至今成为历史名著；唐诗三百首，把将近5万首唐诗推向社会，迅速普及。新中国成立以来，很多治学有年的学者，编纂了《史记选读》《汉书选读》《后汉书选读》《三国志选读》等，有效地深化了优秀典籍文化的教育。

我国在中国历史文选课程建设中，各种中国历史文选教材，百花齐放，在历史学文献教育方面，发挥了积极作用。值得肯定的是，新中国成立以来我所寓目的数十种中国历史文选教材，在选辑中国历史文献、文选、节选方面，具有高度的共识，具体的选编内容略有一些差异，基本上反映了寓教于选的基本规律，这是高等院校历史学教育的一项硕果。

协调课程关系　提高教学质量[①]

——以历史文献学和历史文选课为例

安徽大学　蒲　霞　胡秋银

历史文献学和历史文选是历史专业的两门基础课程，这两门课程讲授的内容都以历史文献为主要对象，但又各有侧重。历史文献学主要是对历史文献的形态、整理方法、鉴别、分类与编目、收藏、形成发展、特点与用途、检索方法、利用等问题进行传授，而历史文选课则是以原始文献为依托，从中选取有用的篇章段节，不仅对原始文献的内容进行讲解，了解其所反映的历史知识，又对作者的基本情况和学术思想进行评述。两门课程的教学侧重点不同，但又息息相关、互有交叉。如何将两门课程的关系协调好，教学内容既不重复、雷同，又能发挥各自的优势，互相补充，则将直接关系到两门课程的教学效果，将关系到能否培养学生使用工具书和原始资料的能力，为以后从事史学研究打下良好的基础。

为了获得最佳的教学效果，发挥不同课程的作用，可以从

① 本文是2009年安徽大学“质量工程”教学研究项目(《历史文献学》的课程定位和教学内容改革) 的研究成果。

以下几个方面入手协调好历史文献学和历史文选两门课程的关系。

一、教学内容的组织

根据课程要求，历史文献学的教学内容主要涉及历史文献的发展、分类、编目、版本、校勘、注释、辨伪、编纂、收藏、利用等基本问题，而就历史专业本科生的教学特点而言，受课程设置和教学时间的限制，这门课程在教学时主要是对这些内容做一个基本性的介绍和讲解，帮助学生积累关于历史文献学方面的最基本的理论和方法，对历史文献学进行初步认识。要想加强历史文献学课程的教学效果，拓展历史文献学相关知识的传授，除了要不断完善和改进历史文献学课程自身的教学活动之外，还要充分利用和结合其他相关课程的教学活动。历史文选课是以历史文献的具体内容为讲授对象，可以在另一层次上对历史文献的有关问题进行介绍，可以让学生通过阅读原始文献资料了解相关的历史发展过程，以及原始文献的编纂特点和作者的基本情况。鉴于此，可以在教学内容的设置上进行协调，将两门课有机地结合起来，发挥各自的优势，取长补短，达到最佳教学效果。

在中国历史发展的长河中，留下了浩如烟海的历史文献资料，其中有一些是学习历史和研究历史的人所必须掌握、使用的最基本的文献资料，且每一时期有每一时期的代表性历史文献。学生一旦掌握了这些基本文献，便掌握了进一步学习和研究历史的钥匙。历史文献学和历史文选课在授课过程中对这些基本历史文献都会有所涉及，但两者的侧重点不同，因此可以互相结合，以便从不同角度对这些文献作更为全面的介绍，让学生获得更加丰富的知识，学会更多的研究技能。

中国历史上保存下来的文献典籍体裁极其丰富，如纪传体、编年体、纪事本末体、实录、地方志、档案、典制体、文集、类书、文征体、史评史论体等，且每一个时代都有一些创新、变化和发展。历史文献学在讲授历史文献的编纂这部分内容时，能够对各种史书体裁的基本情况和特点做概括性的介绍。通过学习，学生可以获得一个较为抽象、笼统的认识，对各种文献体裁有一个初步的了解。但历史文献学在授课时只能适当举例来说明相关问题，所以学生无法进一步获得更为具体、深入的认识。而历史文选课则可以选取不同体裁文献的内容，通过对这些内容的介绍，使学生获得更为直观和感性的认识，不仅能够了解到不同史书体裁表达方式的具体情况，而且还能够进一步加深对每一种史书体裁优缺点的认识，了解它们各自的作用，同时还能够认识到史书体裁也不是僵死不变的，而是在不断变化、发展和完善的。两门课程在这一教学内容的组织上应各有所取，相互补益。

历史文献学课程在讲授历史文献版本这一问题时，也可以通过适当地举例、展示原始文献图片资料的方式，向学生介绍不同版本的基本情况，通过学习学生能够知道依据不同的标准，历史文献可以分为许多不同的版本，同一部文献的不同版本所记载的内容也会有所不同，不同版本的文献有不同的特点和价值等理论性的基本问题，但他们无法通过直观的材料来感知不同版本的具体差异是什么样的，也不容易深刻地感受到不同版本在历史研究中有着怎样的不同价值。历史文选课可以很好地解决这一问题，它可以通过选择同一历史文献的不同版本来说明有关的问题。比如，《二十四史》现在主要有百衲本和中华书局点校本这两种版本，可以将某一文献的不同版本中关于同一问题的不同记载选入历史文选课的教材中，通过对这些有差异的内容进行介绍和评析，让学生明白版本的真正含义和价值。学生因此可以培养起在选择史料进行历史研究时考虑文献资料版本优劣性的意识。在历史文献版本这一问题的教学上，历史文献学和历史文选课也可以形成很好的互补关系，只要协调好教学内容，可以取得更好的教学效果。

注释和校勘也是历史文献学课程讲授的主要内容，讲授这一部分内容时除了作概括性地介绍，也会适当举例以说明有关问题。学生可以了解不同的注释和校勘方法的特点，但很难通过比较对这些问题形成系统性的认识。历史文选课在选择教学内容时可以考虑这一问题。比如，《史记》不仅是一部重要的基本资料，而且也因其开创了纪传体通史的史书体裁而在历史上具有独特的地位，后世为其进行注释的作品也有不少，其中最著名的是史记三家注，即裴骃的《史记集解》、司马贞《史记索隐》和张守节的《史记正义》。在选择教学内容时可以将正文和三家注的内容同时选用，学生可以通过学习了解到史记正文的内容和注释文字的内容，从而更加清楚地理解不同注释形式的区别以及注释的价值所在，同时还可以通过对三家注的学习认识到校勘的基本情况和作用。

历史文献学总给人以一种深厚凝重的感觉，其专业性研究成果也以严谨、刻板为特点。而史学研究在注重其学术价值的同时，也极力提倡用准确优美的语言来进行表述，以此来增强史学研究的生命力。事实证明，历史上许多优秀的文献典籍正是借助于准确优美的语言表述才得以流传至今的。在拒绝人为捏造史实、塑造人物的前提下，史学成果的表达也讲究其形式的优美和通俗，也要求语言具有准确、简练、生动、朴实、严密等特点。如何才能做到这一点，如何才能掌握文学表达和史学表达的区别呢？可以利用历史文选课的教学来引导学生。历史文选课选择文献资料时，可以考虑选用一些表达形式优美、贴切的内容，比如，描写战争、描绘人物形象、描写某些场面等方面的具体事例，向学生展示史学作品的优美性，引导学生建立这方面的意识。

历史文献学和历史文选课在教学内容上有相通之处，可以充分利用这一有利条件，选择和组织好教学内容，互相补充，发挥这两门课的教学优势，从而达到事半功倍的效果，提高教学质量。

教材是一门课程的教学活动的基础，一部好教材则是教学质量得以保证的重要前提，既然在教学内容的组织上历史文献学和历史文选两门课程可以相互协调，那么在编写教材时就应充分考虑这一点，两门课程的教材也应该配套编写。

二、教学过程的设计

正如上文所言，既然历史文献学和历史文选两门课程的教学内容应该互相协调，有机组合，以最大限度地增强教学效果，那么这两门课的授课时间也应该作出合理的安排，这样才能使得两门课程在教学内容上互相衔接。目前历史文选课一般在第一学期、第二学期开设，每周三节课，而历史文献学一般只上一学期，每周三节课。根据这一情况，再考虑到教学内容的互相协调，历史文献学则应开设在第二学期，这样经过第一学期历史文选课的学习，学生可以了解到一些关于历史文献方面的基础知识，为第二学期的学习打下一些基础。到第二学期时，则同时讲授历史文献学和历史文选的知识，两者可以互相补充，相辅相成，提高教学效果，保证教学质量。

在教学内容和教学时间上，历史文献学和历史文选课可以相互协调，那么在教学方法上也有必要进行综合考虑，尽可能将两门课程的教学密切结合起来。

历史文献学的教学是以传授基础知识、基本理论和基本方法为主，注重理论与实践的结合，历史文选课则因其教学内容所蕴涵的基础历史知识和史学知识较为广泛而具有综合性特点，而且历史文选课特别注重通过实践教学帮助学生掌握实际运用资料的能力，因而还具有实践性的特点。两门课程都是既注重理论又强调实践，在教学内容上又能相互融通，所以在教学方法的使用上、教学环节的设计上都可以互相协调，可以将这两门课程作为一个组群来进行讲授。

在教学环节的设计上，两门课程均可以做出较大调整，既要保留原来教师课堂讲授的环节，还应该适当增加实践课，如布置任务，让学生到图书馆等处去查阅资料，解决问题，或者让学生到相关的教学实践基地去进行实地教学。在教学方法的使用上，应改变过去单纯以教师讲授为主的教学方式，而结合以学生自学、讨论、叙述相结合的方式，以增强学生学习、吸收和消化知识的效果。

历史文献学可以以每个专题为一个教学单元，历史文选课则可以每篇材料为一个教学单元，在具体的教学方法上可以采取三种基本的方式：其一，对于难度较大的内容可以做重点讲解和评述，在讲解的过程中将有关课程的基本知识贯通于其中，让学生一边学习，一边复习，从而加深对已学知识的理解和掌握。其二，对于难度适当的内容，教师可以从总体上进行引导，可以向学生简单介绍本单元所涉及的基本知识点，然后由学生自主学习。其三，对于实践性较强的内容，则可以让学生在教学实习基地进行实践性学习，让学生通过与文献实物的接触，了解更多的基本知识，增强感官认识，加深对所学知识的了解。

学生自主学习也可分为两种形式：第一种教师提出问题，用思考题的方式引导学生发现和抓住学习的重点和难点，调动学生思维的积极性，让学生自己思考、讨论，并以回答问题的方式来作出总结，教师只需在学生回答问题之后做一补充和总结，从而使学生对该单元所涉及的学习内容有一个完整的认识。第二种教师不需要提出任何问题，而以学生自主学习为主，让学生通过自己的思考，发现问题，找到学习的重点和难点，通过学生讨论或叙述的方式，让学生加深对有关问题的认识。对于学生的论述，教师只需进行点评和补充，指出其优缺点。学生会在教师的点评中发现自己的优势，找到自己的不足，这是有利于学生提高自己的认识的。让学生自主学习最大的优点在于，它可以激发学生的学习积极性，形成对历史学习的热情，并通过自己的思考将历史知识融会贯通、会学会用。

让学生参与思考、参与讨论、进行论述有一个好处，那就是可以让学生尝试和学会用口头语言的形式将自己所掌握和了解的知识表达出来。目前，有许多学生虽然擅长书面表达，但口头表达的能力却很差，一参加口试就大失水准，即使心里有想法也无法用较为妥当和流畅的语言表达出来。因此，学生口头表达能力的培养和提高应当是今后历史教学中的一项重要任务，具有实践性的历史文献学和历史文选课在这一方面应当发挥它们的作用。

综上所述，鉴于历史文献学和历史文选两门课程的教学目的、教学特点在很多方面具有一致性，因而可以在教学过程中协调好两者的关系，最大限度地发挥两门课程在历史专业教学中的作用。

中国历史文选学习心理调查及教改的针对性探讨

湖北师范学院　蔡明伦

教学是一项针对性很强的活动，加强大学生学习心理的研究，多维度、多层次剖析大学生学习动机、学习习惯、学习方法，全面了解大学生课程学习的心理状况，是因材施教，有针对性地进行教学改革，提高教学质量的逻辑起点。为此，我随机选择了我院历史学200名本科生，对其学习中国历史文选的心理进行了问卷调查，研究结果如下：

一、调查对象和方法

选抽历史文化学院历史学1年级至3年级的本科生，共计200名，其中大一学生105名，大二学生50名，大三学生45名。发放问卷调查200份，回收有效问卷200份。问卷自行设计，包括24道封闭题和1道开放题。

二、调查结果及分析

（一）对目前所学专业的认识评价

学生对专业的满意态度直接影响学习的积极性。调查显示，仅37.75%的学生对就读的历史学专业表示满意，不太满意者占57.83%，不满意的为4.42%。表明学生的专业思想不够稳定。

（二）对历史文选课程作用的认识

68.32%的学生认可历史文选课的作用，但仍有近三成的学生对此认识模糊。在总结学习该课程的收获时，20%的学生觉得收获很大，61%的学生觉得收获一般，18%的学生则觉得收获不大。

（三）学习基础

学好历史文选，古文基本功很重要。在对学生进入大学前古文基础状况进行调查时，大多数学生认为自己古文基础一般，比例占73.81%，只有16.62%的学生认为自己古文基础很好，认为自己古文基础较差的占9.52%。

（四）对历史文选课程的学习兴趣和动机

超过一半的学生对学习历史文选有畏难情绪，占51%。30.5%的学生认为历史文选枯燥，对该课程兴趣较浓的只有15.09%，表示兴趣一般者则占73.81%。在学习动机上，对学好历史文选课，动机较强者占34%，较弱者占35.5%，无所谓者也有近三分之一，占30.5%。在对历史文选课的重视程度上，虽然不重视者极少仅2%，但很重视的比例也不高占

31.67%，66.33%的学生则对历史文选课的学习不太重视。

（五）对历史文选课程设置的看法

在课时方面，由于新生入学后有近一个月的军训，课堂教学一般从国庆放假后开始，按照历史文选每周3个学时计算，大学第一学期的总课时约42个，教师一般认为课时偏少。但调查显示，学生在课时方面的看法与教师存在差距，认为课时偏少和不清楚的各占28.18%，认为每周3学时并不偏少的则占多数，达43.64%。在课程开设学期方面，教学计划安排在第1学期至第2学期。出于对学习课时的保障及学生学习适应性的考虑，笔者曾有意变动教学计划，将历史文选课程安排在第2学期至第3学期进行，但调查结果显示，学生仍认可传统的做法，65.5%的学生认为安排在第1学期至第2学期更合理，认为安排在第2学期至第3学期比较合理的有27.5%，安排在第3学期至第4学期的有7%。

（六）学习习惯和方法

历史文选课程安排在大学一年级进行，对大学学习的适应性直接影响学生的学习习惯。调查显示，只有34.55%的学生能较快适应大学的学习和教学方式，65.45%的学生则难以适应。在学习效率方面，认为自己学习方法高效合理者仅占3.68%，62.11%的学生认为效率一般，将近40%的学生则认为学习方法不合理，缺乏效率。鉴于课堂教学时间有限，要达到历史文选课程的教学目的，必须在课余时间加强自学和训练。但由于学生对历史文选学习不太重视，经常预习、复习的仅有5.47%，71.64%的学生是偶尔为之，22.89%的学生没有预习、复习的习惯。在课后坚持阅读有关古籍方面，情形类似，只有8.5%的学生有此良好习惯，偶尔为之的有61.5%，另有30%的学生则没有坚持课后阅读。在作业和训练方面，认为历史文选应该多布置作业和练习的学生只有34.16%，25.47%的学生无所谓，40%的学生则无此需求。对学习中碰到的疑难问题，83%的同学通过上网查询或与同学探讨来解决，咨询老师的只占5.47%，另有11%的学生则对疑难问题不闻不问。

（七）对教学方式的要求

改变传统的填鸭式的教学方式，采用探求式学习，加强师生互动，适当采用多媒体教学，活跃课题气氛，激发学习兴趣，是诸多课程教学改革的必然要求。对历史文选课堂教学，大多数学生表达了这种愿望，75%的学生认为历史文选教学需要更多的互动；70.5%的学生认为采用多媒体教学手段更能激发学习兴趣。

（八）对教师的要求

97.5%的学生希望教师除了讲授文选课程内容之外，能够旁征博引提供更多的知识信息。在学生眼中，在最能体现大学教师风度的诸因素中，学识所占分量最重，达56.55%，气质、言行举止、着装等其他因素共占43.45%。在师生关系方面，93%的学生认为大学的师生关系比较疏远淡漠，缺乏沟通，81.41%的学生希望教师课后多与学生接触联系。

三、结论及教改的针对性探讨

通过以上对调查问卷的总结分析，可以得出以下结论：

（一）学生学习历史文选的动机不强

究其原因，首先是专业认同感不强，对就读的历史学专业不太满意，思想波动。其次，多数学生的古文基础一般，当他们面对历史文选学习内容中大量的繁体字、晦涩难懂的甲骨文、《尚书》《诗经》等先秦文献时，具有较强的畏难情绪。再次，学生对历史文选的教学目的不太明确，虽然朦胧中觉得学习该课程肯定有用，但学习一段时间或学完后，收获却一般。

（二）学生学习历史文选的兴趣不太浓厚

主要原因是认为历史文选比较枯燥，课题气氛容易陷入沉闷。

（三）学生没有养成较好的学习习惯，学习方法不尽合理

因为学习动机不强，所以学习历史文选比较被动，不能持之以恒地进行预习和复习。坚持课余时间阅读古文献，适当进行标点、句读、史料分析等训练，对促进教学目的的实现，关系甚重。但学生没有主动做到这一点。学习过程中只重教材，以应付考试为急务，虽然期末考试中成绩优良者居多，但阅读和运用古文献的能力尚待加强。对待疑难问题懒得刨根问底，乃至不闻不问的颇有人在。

（四）学生对教师的要求较高

历史文选课程学生难学，教师难教，且在大一开设，背负着大一新生对大学学习生活的憧憬和期望，因而对教师的课堂教学和课后情感交流方面提出了更高要求。

调查中所暴露的教学问题，为有的放矢进行教学改革提供了依据。此次调查的目的，在于了解学生学习中国历史文选的心理状况，增强师生交流，促进教学研究，提高教学质量，优化教学效果，更好地服务学生。虽然笔者在历史文选教学过程中历尽所能，提升自身素养，改进教学方法，丰富教学内容，倾力传道解惑，颇受学生喜爱。但通过调查，还是了解了学生的一些真实想法，发现了教学过程中存在的一些问题和不足。通过反思，觉得要完善历史文选教学，尚需有针对性地在如下几个方面做出努力。

第一，应当在教学管理上倾注精力。教师的职责是传道、授业、解惑，除了教书还背负着育人的重任。历史文选在大一开设，而大一新生对大学的学习方式还不适应，故历史文选课程教学必须配合新生的入学教育，教师需要在稳定学生专业思想，指导学生学习方法，提高学生对课程重要性的认识，以及加强对学生学习过程的督导等方面倾注心血，让学生尽快适应历史文选的教学与学习，明确学习目的和任务。

第二，课堂教学手段的多样化。相对而言，历史文选的教学内容和中国古代史等课程相比略微枯燥。枯燥无味的教学内容必须靠灵活多样的教学方式才能唤起学生的学习热情。如何活跃课堂气氛、激发学生兴趣等，长期以来是历史文选教学改革所关注的焦点，很多学者在此方面进行了有益的实践，有很多宝贵的经验，如把握历史文选教学中的周期性特点，设计“兴奋点”；充分利用影像资料、情境模拟教学、专题讲座、课外考察等。笔者在教学中吸纳了学术界的一些教研成果，取得了一定成效，今后尚需在此方面多下工夫。

第三，师资力量的提升。诚如调查所显示的，学生对教师的学识、人格魅力提出了很高的要求，为此，教师须全力提升自身素养。一是教师要加强师德建设，真正关心学生的利益。师德建设的关键，首先是教师要有责任心和事业心。只有心中时刻装着学生，才会用心琢磨教学改革，而不会因循守旧，得过且过。其次，要有爱心。教师面对的不是黑板，而是活生生的学生。要和学生打成一片，感情交融，做学生的良师益友。虽然大学老师不太可能像中学老师那样与学生水乳交融，但现代科技手段为教师课后与学生交流提供了条件，如通过E-mail等解决学生学习上的难题和生活中的困惑等。二是教师要努力钻研业务，提高教学水平。中国历史文选是一门交叉性很强的学科，要求教师具备古汉语、文献学、文字、音韵、训诂、天文、地理、宗教、民族、占卜、术数、官制、典礼、民情风俗等方面的广博知识。为此必须经过不断的学习和交流及教学探索，才能适应新形势下历史文选教学的需要。

略论旧注在中国历史文选教学中的价值与地位

湖北大学　周德美　彭忠德

高考制度恢复之初，各高校历史专业所开课程与古籍相关的陆续有中国历史文选、古代汉语、训诂学、文献学等。其课时充裕，将近400课时，因而教学效果良好。20世纪90年代，古代汉语、训诂学大都被压缩掉，中国历史文选和文献学的课时维持在200左右，教学效果受到较大影响。近年来，随着高校课程结构改革，大部分学校中国历史文选课程的课时又被进一步压缩，大都降至100课时以下。所以教学时间高度紧张，教学效果已经很难保证了。为今之计，做好教材结构调准，做好课堂延伸工作，已经迫在眉睫。这当然要从多方面努力，但笔者以为，培养学生阅读利用旧注（即民国及其以前的注释）的能力，可能是其中最为重要的。在我们看来，旧注既是古籍阅读利用的便捷工具，同时也是各类知识的渊薮，并且还是学术研究的嚆矢。它应该在历史文选教学中占有一席之地。

一、旧注是阅读利用古籍的便捷工具

历史文选教学的基本任务是让学生读懂古籍，以便利用。但古籍浩如烟海，现存的书籍，最保守的估计也在十万种以上。其时间跨度大、涉及各个不同学科、体裁也纷繁复杂，想在如此紧张的课时条件下，单纯通过有限的文选篇目教学从根本上解决古籍阅读利用问题是不切实际的。为此，我们应该注意到，大量的古籍、特别是常用的、经典的古籍，大都经过前人的充分研究，其中不少都有注释。例如，现存先秦古籍在六十种左右，未见注释的，仅《慎子》《邓析子》《尸子》《燕丹子》《甘石星经》《黄帝甲乙经》等。而且不少书籍，特别是儒家经典，注释甚至多达几百种至几千种。汉代的古籍，约有五十余种，大部分也有注释。其中像《尔雅》《说文解字》之类，注释也多达数百种至上千种。汉代以后的文献，注释的比例虽然不及此前，但总量依然惊人。所以对于学生而言，利用古籍原文，最便捷的莫过于直接参阅这些注释。无论是常用文献、经典文献还是相关专业文献，无论是语言理解问题、文字校勘问题还是版本目录问题，只要有旧注可供利用，只要有能力直接使用旧注，问题往往就会迎刃而解。

二、旧注是古代语言文献知识的渊源

当然，真正读懂古籍，形成较高层次的阅读利用能力，还需要多方面的知识基础。其中，古代语言文献知识最为重要。

获取这些知识的途径是多种多样的，如阅读教材文选注释、教材知识通论和相关专论（专著、论文）等。不过，最直接、最有效的途径，恐怕还是阅读旧注。旧注是古代语言文献知识的渊源，举凡文字、音韵、训诂、版本、目录、校勘等方面的知识，都能从中猎取。

读书伊始，识字为先，但汉字问题相当复杂。造字或象形、或会意、或指事、或形声；字形有甲骨文、金文、六国古文、大篆、小篆、隶书、楷书之别；用字又有异体字、古今字、通假字等复杂现象。这些都给文献阅读带来重重障碍。阅读旧注，可以帮助学生积累相关知识。如《周礼》："蝈氏，下士一人，徒二人。"郑玄注："玄谓蝈，今御所食蛙也。字从虫，国声也。"贾公彦疏："云'字从虫，国声也'者，国与蝈为声，所谓左形右声者也。"① 这里的字形分析告诉我们"蝈"是个形声字，"左形右声"。经常阅读这样的注释，自然可以丰富我们的文字学知识。

音韵问题也是古籍利用的拦路虎。汉字时间跨度大，字形复杂，字音有古今变化，还有方言差别，而古代注音方式多种多样，有譬况、拟音、直音、反切种种不同。这些问题，伴随着旧注的阅读，并适当参阅音韵学专著与工具书，能够逐渐解决。如《春秋·庄公二八年》："春秋伐者为客，伐者为主。"何休注："伐人者为客，读伐长言之，齐人语也；见伐者为主，读伐短言之，齐人语也。"② 何休似乎也是在注音，但"长言"、"短言"是什么意思呢？《礼记·乐记》："故歌之为言也，

① （唐）贾公彦：《周礼注释》，（清）阮元校刻《十三经注疏》（上），889页，北京，中华书局，1980。

② （东汉）何休：《公羊传解诂》，《四部丛刊初编》卷三，21页，上海，上海书店，1989。

长言之也。说之，故言之；言之不足，故长言之；长言之不足，故嗟叹之；嗟叹之不足，故不知手之舞之，足之蹈之也。”郑玄注：“长言之，引其声也。”这就告诉我们，“长言”意思是拖长声音。“伐”是个多音字，其区别在于音长：“长言”，声音舒长；“短言”，声音短促，所以何休的《公羊传》其实是在辨析多音字。利用旧注，辗转相求，许多疑难自当涣然冰释。

再如《国语·鲁语下》卷五：“夫苦匏不材于人，共济而已。”韦昭注：“材，读若裁也。不裁于人，言不可食也，共济而已，佩匏可以度水也。”① 这就是说，“材”的读音与“裁”字相近。再如《周易·坤·文言》：“为其嫌于无阳也，故称龙焉。”郑玄注：“嫌，读如群公慊之。”② 这是告诉我们，“嫌”音与“慊”略同。这是用拟音法注音，是用近似音来比拟说明某字的读音，常用读若、读如、读为、读曰、读与某同等属于表示，多读旧注，学生会逐渐有所了解。

旧注中训诂知识的丰富更是不言而喻的事实。特别是有关训诂体式、方法、术语方面的知识，抛开旧注，仅仅阅读训诂学专著，往往很难真正掌握。如唐孔颖达《尚书正义·禹贡》：

> “厥土赤埴坟，草木渐包。”土黏曰埴。渐，进长。包，丛生。○埴，市力反，郑作戠，徐、郑、王皆读曰炽，韦昭音试。渐如字，本又作蕲，《字林》才冉反，草之相包裹也。包，必茅反，字或作苞，非丛生也，马云：“相包裹也。”黏，女占反。长，丁丈反。丛，才公反。

① 《国语》，《四部丛刊初编》卷五，4页，上海，上海书店，1989。

② （南宋）王应麟辑：《周易郑康成注》，《四部丛刊初编》卷一，2页，上海，上海书店，1989。

[疏] 传“土黏”至“丛生”○正义曰：“戠”“埴”、音义同。《考工记》用土为瓦，谓之“抟埴之工”，是“埴”谓黏土，故“土黏曰埴”。《易·渐卦》彖云：“渐，进也。”《释言》云：“苞，稹也。”孙炎曰“物丛生曰苞，齐人名曰稹”。郭璞曰：“今人呼丛致者为稹。”“渐苞”谓长进丛生，言其美也。①

如果不常接触旧注，读这段注释，至少在两个方面可能会出现问题。其一，经文“厥土赤埴坟，草木渐包”后面的文字是谁的？笔者曾见到不止一个研究生将它们都引作孔颖达的《正义》。其实，孔氏自撰部分是从“[疏]”以后开始的。此前都是辑录前人的文字。其中，“[疏] 传‘土黏’至‘丛生’”一语，是指明“土黏……丛生”这段文字出自《尚书》伪孔《传》。而“埴，市力反……才公反”这66字，则属于陆德明的《经典释文》。其二，陆德明所言徐、郑、王、马是谁？其《经典释文·注解传述人》说：“孔安国《古文尚书传》十三卷、马融《注》十一卷（字季长）、郑玄《注》九卷、王肃《注》十卷、谢沈《注》十五卷……为尚书音者四人（孔安国、郑玄、李轨、徐邈。案：汉人不作音，后人所托）。”故此，徐、郑、王、马当指徐邈、郑玄、王肃、马融。

训诂术语方面更复杂。如为、曰、谓、谓之、之谓、为之、读、读若、读为、读曰、读若……同、读与……其含义通常需要结合注文揣摩，才能真正掌握。如读为、读曰，意思相当于“读作”、“读音是”，在注音的同时还说明通假、假借现

① （唐）孔颖达：《尚书正义》，（清）阮元校刻《十三经注疏》（上），148页，北京，中华书局，1980。

象。《毛诗·豳风·七月》:“同我妇子，馌彼南亩，田畯至喜。”郑玄笺:“喜，读为饎；饎，酒食也。”① 喜本音 xǐ，读为“饎”，则音 chì，这是注音；“读为”的意思，是说不仅“喜”读“饎”之音，而且也取“饎”之义，作“酒食”解。这两个术语也用来说明古今字。《荀子·富国篇》:“□姻娉内，送逆无礼。”扬倞注:“内读曰纳，纳币也。”②“纳”属于后起字，最初写作“内”。读若、读如，意思相当于“读音像……”“像……那样读”，主要是用比拟方法来说明字音。如:《周礼·冬官考工记·函人》:“为甲，犀甲七属，兕甲六属，合甲五属。”郑玄注:“属，读如灌注之注，谓上旅下旅札续之数也。”③“属”自有此音，郑注特以明音读。有时也用来说明通假现象。《楚辞·离骚》:“飘风屯其相离，帅云霓而来御。”洪兴祖补注:“御读若迓。”④“御”通“迓”，迎接的意思。所以，要想弄清其真正含义，何时是纯粹标音，何时是兼明通假，何时又用来说明古今字，必须结合原文、注文才能确定。

至于古代小学类典籍，如《尔雅》《方言》《说文解字》《广韵》等，其注释的语言知识密度更大。其中不少典籍注释与研究早已发展成博大精深的学科，兹不赘述。此外，旧注中还有大量内容涉及版本、目录、校勘等文献学方面的知识。如《尚书序》:“古者伏牺氏之王天下也，始画八卦，造书契，以代结绳之政。”《释文》:“伏牺氏，伏古作虙，牺本又作羲，亦作戏，辞皮反。《说文》云，贾侍中说此牺非古字。张揖《字

① 《毛诗》,《四部丛刊初编》卷一四，2 页，上海，上海书店，1989。
② 《荀子》,《四部丛刊初编》卷六，3 页，上海，上海书店，1989。
③ 《周礼》,《四部丛刊初编》卷一一，26 页，上海，上海书店，1989。
④ 《楚辞》,《四部丛刊初编》卷一，30 页，上海，上海书店，1989。

诂》云：'羲古字，戏今字。'一号包羲氏。"① 这里"本又作"是指明"牺"字的异文，有的版本作"羲"，有的作"戏"。再如《诗经·王风·葛藟》："终远兄弟，谓他人母。"毛传："王又无母恩。"《释文》："王又，一本作王后。"② "一本"是说明"王又"有的版本作"王后"。《尔雅·釋器》："大版谓之业。"《释文》："鈑：音版，本亦作版。"③ 这说明陆德明所用版本"版"字作"鈑"，与今传本有异。阅读这类注释，能够培养学生的文献学观念，提高他们对版本校勘问题的应对能力。

三、旧注是古代百科知识的宝库

我们都知道，古籍利用除了需要足够的语言文献知识以外，还需要广博的百科知识基础。阅读旧注，不仅能够积累语言文献知识，也有助于积累百科文化知识。因为旧注往往不限于语言文献解释，而广泛涉及自然与社会各方面，是古代当之无愧的百科知识宝库。

首先，旧注是历史知识的宝库。特别是史注，不仅对史籍进行解释，而且还进行补充、矫正，史料价值极高。《春秋》三传、《史记》三家注、《汉书》颜师古注、《后汉书》李贤注、《三国志》裴松之注、《资治通鉴》胡三省注、《世说新语》刘孝标注等，尽皆如此。如《春秋》，区区 16 650 字，却记载了 242 年的历史，平均每年 68 字，类同大事年表，其余真正史

---

① （唐）孔颖达：《尚书正义》，（清）阮元校刻《十三经注疏》（上），113 页，北京，中华书局，1980。

② 《毛诗》，《四部丛刊初编》卷一四，5 页，上海，上海书店，1989。

③ （唐）陆德明：《经典释文》，1 635 页，上海，上海古籍出版社，1985。

实语焉不详。《左传》以196 845字作注、《公羊传》以44 075字作注、《穀梁传》以41 512字作注，大大丰富了这段历史的史料，事件的背景、原委、细节等，借此以明。离开“三传”，我们很难知道《春秋》中的那些“标题新闻”究竟指什么。

其次，旧注也是古代文化常识的宝库。《周礼·夏官司马·射人》：“若王大射，则以狸步张三侯。”郑玄注：“郑司农云：‘貍步，谓一举足为一步，于今为半步。’玄谓貍，善搏者也，行则止而拟度焉，其发必获，是以量侯道法之也。侯道者，各以弓为度。九节者九十弓，七节者七十弓，五节者五十弓。弓之下制长六尺。《大射礼》曰‘大侯九十，参七十，干五十’，是也。三侯者，司裘所共虎侯、熊侯、豹侯也。列国之君大射亦张三侯，数与天子同。大侯，熊侯也。”[①] 这里，郑注详尽介绍了国王大射仪式的具体细节。

此外，旧注也是古代科技知识的宝库。举凡历法、天文、地理、动物、植物、医药、农业、建筑、制造等方面，都有丰富可靠的资料。如《诗经·周南·关雎》“参差荇菜”，陆玑疏：“荇，一名接余。白茎，叶紫赤色，正圆，径寸余，浮在水上。根在水底，与水深浅等。大如钗股，上青下白。鬻其白茎，以苦酒浸之，脆美，可案酒。”[②] 陆玑对荇菜的解释，与现当代植物志、植物词典的解释相比较，除不用纲目术语以外，几乎没有什么差别。它不是文学解释，也不是语言解释，而是对所指之物的百科性解释。郦道元《水经注》也是一例。《水经》一书，记录载137条河流，但文字相当简略。郦道元

① （唐）贾公彦：《周礼注释》，（清）阮元校刻《十三经注疏》（上），845页，北京，中华书局，1980。

② （三国吴）陆玑：《毛诗草木鸟兽虫鱼疏》卷上，《四库全书》，第70册，4页，台北，台湾商务印书馆，1986。

为之注，不仅详细解释这些河流，而且补增 1 252 条支流的地理水文资料。如果加上湖、淀、陂、泽、泉、渠、池、故渎等，实记水体 2 596 种。① 如《水经·蕲水》："蕲水出江夏蕲春县北山。"郦注："山，即蕲柳也。水首受希水，枝津西南流，历蕲山，出蛮中，故以此蛮为五水蛮。五水：谓巴水、希水、赤亭水、西归水，蕲水其一焉。蛮左凭居，阻藉山川，世为抄暴，宋世沈庆之于西阳上下诛伐蛮夷，即五水蛮也。"② 读《水经注》，即可从中获取系统翔实的古代水利史知识。

总之，旧注是现存规模最大、信息最丰富、实用性最强的百科全书。阅读旧注，既能帮助学生读懂特定古籍，也能使他们大幅度拓展古代百科知识视野，堪称一举多得。

四、旧注是古代学术研究的嚆矢

历史文选是一门基础课程，毋庸置疑，其基本任务是提高古籍阅读利用知识基础和基本技能。与此同时，历史文选可以、也应该延伸到学术研究领域。笔者以为，阅读旧注，也是培养独立学术研究能力的一个重要侧面，旧注中充满了学术研究的契机。有人以为，古籍注释是一种实用的、操作性的资料，与学术研究无涉，那实在是一种误解。旧注绝不仅仅是正文的附庸，它也是学术研究的嚆矢，同时具有独立于正文的学术价值。

首先，注释本身就是一种学术研究。原文之所以需要注

① 赵永复：《〈水经注〉究竟记述多少条水》，中国地理学会历史地理专业委员会《历史地理》，第 2 辑，115 页，上海，上海人民出版社，1982。

② （北魏）郦道元：《水经注》卷三二，507 页，成都，巴蜀书社，1985。

释，或因作者难定，需要考实；或因背景不清，需要说明；或因文字僻奥舛误、语义晦涩隐微，需要校释疏证；或因事实繁复漏略，需要概括补充；或因版本真伪杂糅，需要考信取舍等。凡此种种，都需要经过踏实严格的研究，才有可能得出合乎实际的结论。这种研究，有的时候甚至比其他研究难度更大。所以同一部书往往有不同的注释，不同注家对相同的原文的解释往往不尽相同。有分歧，就有是非；有是非，就需要研究。所以，就是这些在注释过程中滋生的歧义，也有重新研究的必要。这也是旧注学术价值的另一种表现。

其次，不少旧注常常就重要学术问题发表看法，而不仅仅局限于文字疏通。如《毛诗正义》卷首“郑氏笺”下，孔颖达云：“汉初，为传训者皆与经别行，“三传”之文不与经连，故石经书《公羊传》皆无经文。《艺文志》云：《毛诗》二九卷，《毛诗故训传》三十卷。是毛为诂训亦与经别也。及马融为《周礼》之注，乃云：‘欲省学者两读，故具载本文。’然则后汉以来，始就经为注，未审此《诗》引经附传是谁为之。其郑之笺当元在经传之下矣。”① 这里，孔氏对经、传分合源流做出了客观叙述，它对经学史、文献学史等学科的研究都具有重要价值。

尤其值得注意的是，历史上的旧注不仅仅是作为一种辅助读物而存在，它同时也代表着前人的一种典型著述方式，是古人表达自己的思想学术观点的一种常用途径，因而具有独立于原文的学术价值。所以翻开中国古代学术史，你会发现从本质上来说它就是一部经学史。特别是有汉以来，从今文经学到古

① （唐）孔颖达：《毛诗正义》，（清）阮元校刻：《十三经注疏》（上），276页，北京，中华书局，1980。

文经学，古文经学从北学、南学到义疏之学，再到宋明理学与清代朴学，无一不和文献注释联系在一起。在谈到这个问题时，《四库全书总目·经部总叙》也说："经禀圣裁，垂型万世，删定之旨，如日中天，无所容其赞述。所论次者，诂经之说而已。自汉京以后垂二千年，儒者沿波，学凡六变。其初专门授受，递禀师承，非惟诂训相传，莫敢同异，即篇章字句，亦恪守所闻，其学笃实谨严，及其弊也拘。王弼、王肃稍持异议，流风所扇，或信或疑，越孔、贾、啖、赵以及北宋孙复、刘敞等，各自论说，不相统摄，及其弊也杂。洛闽继起，道学大昌，摆落汉唐，独研义理，凡经师旧说，俱排斥以为不足信，其学务别是非，及其弊也悍……学脉旁分，攀缘日众，驱除异己，务定一尊，自宋末以逮明初，其学见异不迁，及其弊也党……主持太过，势有所偏，才辨聪明，激而横决，自明正德、嘉靖以后，其学各抒心得，及其弊也肆……空谈臆断，考证必疏，于是博雅之儒引古义以抵其隙，国初诸家，其学征实不诬，及其弊也琐……要其归宿，则不过汉学、宋学两家互为胜负。"① 两千年儒学六变，究其根底，也就是"诂经"六变。经注的繁衍发展，也是整体学脉的繁衍发展。我们可以说这是注释史，也可以说这是学术史。

所以经常接触旧注，既能帮助学生使用古籍，也能帮助他们研究古籍；既可以获取微观研究的课题，也可以形成宏观研究的项目。这显然是锻炼学生研究能力、提升历史文选教学层次的一种重要途径与方式。

综上所述，历史文选教学中旧注阅读利用，对解决实际问题、扩展知识基础、形成基本技能、提升教学层次，无疑是具

---

① （清）纪昀：《四库全书总目》（上），1页，北京，中华书局，1987。

有重要意义的。如果说历史文选是一门工具课，那么我们可以说，旧注是历史文选的工具，它是工具的工具，我们没有理由不重视它。特别是在教学时间严重不足的条件下，旧注的教学利用，能够大幅度提高单位教学时间内的实际教学效果，它能使教学实效以几何级数的幅度向课外延伸。需要说明的是，古籍注释有旧注也有今注，我们强调旧注，并非厚此薄彼。今注当然具有实用价值，但数量毕竟有限，而且一般不需要经过特别的训练就能熟练利用。旧注则不同，其与今注在体例、表达、知识结构等方面差别极大，学生要很好利用，必须经历一个训练过程。这种训练，还需要教材结构、教学过程等环节的相互配合。首先，教材必须选录一定数量的、具有代表性的旧注。1986 年北京师范大学中国历史文献教研室编著的《中国古代历史文选》已有很好的开端。其次，必须从中确定一些精读篇目。精读篇目要加今注，除文义疏通以外，要有意识地贯穿有关注家、体例、体式、术语等方面知识信息。同时，可配以相关专论，集中介绍旧注常识。讲读教学过程中，可利用多媒体，展示旧注原文，使学生接触了解其不同侧面。此外，除课本精读、泛读篇目外，课后适当布置学生阅读一定数量的、具有代表性的旧注原书，切实提高相关素养，锻炼其实际应用和研究的能力。

试论中国历史文选课件的制作和使用

淮北煤炭师范学院　武　刚　白兴华

中国历史文选（以下简称文选）是高校历史学专业的一门专业基础课和工具课，其教学目的“在于通过各种典型的历史作品，培养学生阅读并运用一般文言史料的能力，也向学生介绍一点有关中国史料学和中国史学发展概况的常识”①，也就是说它担负着培养和提高学生阅读、理解与运用中国古代历史文献资料能力的重任。因此，自从20世纪20年代国学大师陈垣先生创设史学名著选读和历史名著评论两门课程以来，特别是20世纪70年代末高考恢复后，各高校历史学专业普遍开设了文选这门课程，并且在课程设置上把它当做一门专业主干课。

在文选的课堂教学中，任课教师多采用传统的教学模式，即教学方法以讲授法为主，辅之以课堂讨论、专题讲座、习题；教学手段则是教材、黑板和粉笔的结合，兼用数量有限的文本文献，现代化教学多媒体手段很少采用或基本不采用。不可否认，该模式能在一定程度上实现教学目的，但是弊端也极为明显。蔡明伦副教授认为，传统教学模式的弊端主要体现在

① 周予同主编：《中国历史文选》（三版），前言，上海，上海古籍出版社，2002。

四个方面："第一，不能普遍激起学生的学习兴趣，学生学习被动"。第二，学生的"学习能力、表达能力和运用知识的能力都得不到锻炼和提高"。第三，教学内容"对于历史本来面貌的还原及相关问题的阐释缺乏足够的直观效果。"第四，教师的"主导作用仅凭十分有限的课堂教学时间是难以体现和保证的。"① 对此，笔者感同身受。所以，从教数年来，笔者一直在思考克服传统教学模式弊端的手段和方法。通过不断的探索和尝试，笔者发现，利用现代信息技术制作文选课件并将其运用于课堂教学中，不失为一种相对简单而有效的手段。课件的运用有利于发展学生的智力、培养学生的能力，可以增大课堂容量、提高课堂教学的效率和质量，能够大大增强文选教学的形象化、生动化、具体化。当然，这并非笔者的首创，一些高校的任课教师也进行了探索，并且撰文进行总结。最有代表性的成果是王立的《CAI 课件在历史文选课堂上的应用》，该文比较系统的阐述了多媒体课件使用的必要性、设计和应用的方法、应注意的问题等。结合教学实践，笔者认为这篇文章并未专门探讨 PPT 课件，也没有深入阐述 PPT 课件制作和运用的诸多细节问题。有鉴于此，笔者不揣浅陋，撰写此文以就教于大方之家。

一、PPT 课件的制作

目前，能够用于多媒体课件制作的软件相当多，比较常见

① 蔡明伦：《网络环境下的高校〈中国历史文选〉教学改革》，载《江西教育学院学报》（社会学科版），2007-02（28），1。

的有 PPT、VB、Authorware、Flash、Director、ToolBook、方正奥思、课件大师等。由于文选课堂教学的信息量比较大，需要以文字、图片、视频等多种方式进行展示，而 PPT 编辑多媒体的功能强大，内置丰富的动画、过渡效果和多种声音效果，并有灵活的超级链接功能，所以笔者认为它比较适合制作文选的教学课件。那么，如何利用 PPT 软件制作文选课件呢？笔者认为可以从以下几个方面着手。

（一）充分备课

充分备课是制作文选课件的前提和基础。只有完全熟悉与掌握教学内容，明确各部分具体的教学目的、教学重难点，才能做到胸有成竹，知道哪些教学内容应该制作成课件以及如何用课件表现这些教学内容。就一般情况而言，笔者认为授课提纲、重点字词句、关键专业名词和专业术语、复习思考题、参考文献目录、教学背景材料等内容应该恰如其分地运用课件向学生表达。

授课提纲是教师课堂教学的思路和教学内容的框架，也是学生消化吸收授课内容的线索。在传统教学模式下，它是通过板书来表现的，现在则可以利用 PPT 课件来展示。以 PPT 课件表现授课提纲，其优势在于形式多样而生动。PPT 课件可以使用多种字体、各种字号、不同字体颜色和文字背景以及自定义动画多姿多彩地展示授课提纲，从而吸引学生的注意力，更好地实现教学目的。

重点字词句是理解选文的关键，属于教学的重点和难点。将这些内容置于课件之中，可以起到突出强调的作用，教师也可以对其进行详尽地分析和解释。这样做既可以节省板书的时间，又能引起学生的高度关注。

关键专业名词和专业术语是学生学习历史文选的一大障

碍。由于中国传统文化的博大精深和应试教育的影响，大多数学生对中国古代的典章制度很不熟悉，以至于难以明白那些与中国传统文化密切相关的专业名词和专业术语的内涵。教师在讲解时更是困难重重，很多时候都无法用语言准确、全面的表达。运用PPT课件，这个问题则可以得到较为圆满的解决。在必要的情况下，教师可以运用文字、图片、声音、影像、动画等多种方式全方位地解析专业名词和专业术语，从而给学生造成多种感官的刺激。在这种立体式的感官轰击下，学生较为深刻体会专业名词和专业术语的内涵是顺理成章的。

复习思考题对于引导学生巩固课堂教学内容是不可或缺的，参考文献则有利于扩大学生的知识面，它们都可以用PPT课件表现。

教学背景材料涵盖范围广泛，但凡有关于课堂教学的资料都可以看做是教学背景材料。具体而言，它至少应该包括介绍与评析史著的材料、评价史家以及分析选文的材料等。如《资治通鉴》一课，笔者在备课时搜集了大量相关资料，主要是有关《资治通鉴》编撰过程、特点、影响的材料，关于司马光生平学术活动和史学思想的材料，有关选文《淝水之战》的材料。这些背景材料有的是文字，有的是图片，有些则是动画或影像。为了说明淝水之战的动态过程，笔者使用了Flsah动画，将整个战争的过程清晰地呈现在学生面前。为了描绘前秦军队惨败的情形，笔者在课件中插入了几幅油画作品的图片，使得学生体会到了前秦军队万分狼狈的境况。为了让学生更全面地认识司马光，笔者将《千秋史话》中介绍司马光的一个视频编入了课件。借助这些形式多样的背景材料，学生对司马光、《资治通鉴》《淝水之战》都有了比较全面而准确地认识，课堂教学也取得了预期的效果。

除了上述内容，其他一些与课堂教学相关的材料也可以列入课件。将哪些内容列入课件，主要依赖于教师在备课时对教学内容的把握和实际课堂教学的需要。

（二）搜集素材

确定了课件的基本内容，便可以按图索骥，采用各种手段广泛搜集课件素材。素材的种类很多，按照表现形式可以分成文字、图片、声音、影像、动画五大类。这些不同形式的素材既可以利用传统手段搜集，也可以利用现代化手段采择。通常情况下，采用现代化手段尤其是充分利用网络资源，可以方便快捷地搜集到制作课件所需的大部分资料。如利用国学网、中国史学网、史学评论网、中国历史论坛、历史纵横网、中国历史在线等历史学专业网站，可以搜集到众多电子版文献资料和图片；运用校园网上的学术期刊网、超星图书馆、国家图书馆等电子文献资源网站，可以查阅大量的学术论文和文史资料；使用超级旋风、迅雷、BT 等下载软件，可以从网上下载《考古中国》《千秋史话》《探索发现》《百家讲坛》等历史类的影像资料。可以说，互联网强大的信息功能为搜索课件素材提供了极大的便利。当然，网络也不是万能的，很多文献资料无法在网络上搜索到，所以还要任课教师自己动手制作。如讲授《通志》一课时，笔者欲使用郑樵的图像，结果使用各种搜索引擎都没有找到。最终，笔者利用数码相机从《郑樵评传》中拍摄了一张郑樵的画像。可见，素材的收集手段应当多样化，一切以教学需要为目的。

（三）制作课件

占有了充分的素材，制作课件可以说是万事俱备。课件制作的过程简单地说，就是把搜集整理好的素材按照一定的流程插入到 PPT 演示文稿的相应位置上，然后利用 PPT 的超链接功能和动作按钮把素材和演示文稿融为一体，达到预想的效果。在这个过程中，有几个方面的问题应该注意。

第一，课件中的文字应该简明扼要。文字是课件的基本构成要素，承担着课件的主要功能。编辑课件中的文字，应遵循简洁、准确的原则，过多的文字会使学生花费大量的时间进行阅读而无法有效听讲。为此，可以以提纲式为主兼用图示式或图标式的表现形式。

第二，课件中的图片最好典型而富有美感。图片以直观的形式诠释了语言无法描绘的内容，所以它是课件中不可或缺的部分。选用图片时，应该选择那些最能表现教学内容的图片，以帮助学生理解教学内容。同时，选用的图片在不影响典型性的前提下，可以适当考虑其可观赏性，以激发学生的学习欲望，也使他们得到美的享受。如讲授《诗经·七月》一课时，笔者插入了选文提及的一些动物、植物的图片。由于选择的都是非常精美的图片，所以学生们兴趣大增、惊呼连连，有些学生甚至翻拍了课件中的图片。在这种课堂氛围中，教学效果可想而知。

第三，课件中应用的视频应注意各适其用。视频资料具有形象生动、容量大、感官性强的特点，比较容易调动学生的学习积极性。但是视频不能过多、过滥，否则，不但浪费了过多的时间，而且使学生沉溺于感官享受而不能自拔，以至于无心听课。如讲授《甲骨文和金文》一课时，笔者将《探索发现—走进殷墟》引入课件，目的在于使学生获得关于甲骨文最直观、最形象的感受。不过，那段视频长达 39 分钟，若全部播放，则占用时间太长，而且会使学生无法集中精力继续听课。所以，笔者只选取了介绍甲骨文的片段，长大约有 14 分钟。

这样，既达到了教学目的，又维持了学生的听课兴趣。

第四，编入课件的动画要恰如其分。笔者认为，在语言难以描述、图片视频缺乏时，使用动画是最佳的选择。如果运用得当，可发挥画龙点睛的效果。如讲解《淝水之战》一课时，笔者认为通过语言描述使学生把握战争的进程很困难，而相关的图片视频又寥寥无几。于是，笔者引入了一个名为《淝水之战》的 Flash 动画。这部动画以淝水之战形势图为动画界面，通过语音讲解与动画展示的结合，形象地展现了战争的全过程，使学生们在理解课文内容的基础上把握了战争发生、发展和结束的动态过程，并且深刻理解了战争的结果及影响。由此可见，动画的恰当运用在课件的制作过程中有时甚至可以发挥出奇制胜的作用。

第五，应当充分运用技术手段将各种素材融为一体。课件不是素材的简单堆积，而是各种信息元素的有机结合。在课件的制作过程中，可以利用 PPT 软件中的超链接、自定义动画、动作按钮、自定义放映等功能，将各种课件元素有机融合，使课件所有的内容都能够依据授课的需要适时、适当、快速、准确地展示，从而最大限度地发挥课件对文选课堂教学的辅助功能。

此外，一些细节问题也不容忽视。如课件中的文字应尽可能大些、清晰些，使全体学生都能够看得清楚；课件的色彩要尽可能重些，放映出来才会清晰；课件的画面要尽量干净整洁，以免占用了有限的画面空间和分散学生的注意力；课件的操作尽可能简单，以确保课堂教学的流畅性。

（四）调试和演练课件

课件制作完成之后，需要进行调试。调试的目的在于检验课件与教学内容的结合程度、发现课件的错误与不足，以便查漏补缺、改进质量。经过反复调试，课件才可能达到预想的效果。此外，在上课前，教师还应该使用课件进行演练。演练的作用主要在于使教师熟悉课件的结构和全部内容、确定课件运用的最佳时机和方式，从而实现课件与教学内容的完美结合。总之，课件的调试和演练是制作课件的最后环节和关键环节，直接决定着课件应用的成败。

二、PPT 课件的课堂运用

相对制作课件而言，在课堂上具体运用 PPT 课件比较容易，如果进行了充分的演练，那么课堂上的运用就不在话下。但是，教师在授课时使用课件仍有一些问题需要解决。

其一，要正确认识课件在课堂教学中的地位。不可否认，在中国历史文选课上使用课件，可以使抽象、晦涩、枯燥的教学内容形象化、简单化、生动化，可以增加教学容量、拓宽学生的知识面，可以营造良好的学习气氛、激发学生的学习兴趣。但是，它毕竟只是一种教学的手段而不是目的。因此，课件在课堂教学中应该尽量发挥辅助作用，服从和服务于教学内容。教师不能因课件的束缚而对其亦步亦趋，也不能一味地躲在操作台后面播放课件。课堂教学的主导始终是教师，教师的讲解、学生的倾听、师生的互动交流等仍是课堂教学的主要方式。

其二，协调好运用课件与讲授教学内容的关系。课件的运用与教学内容的讲授是课堂教学的两个重要组成部分，两者既各自承担不同的任务，又相辅相成、相互促进。教师通过讲授向学生展现教学内容，同时利用课件点明要点、突破难点、突出重点。在课堂教学中，教师若能抓住最佳时机寻找切入点，使课件与讲授内容达到最佳衔接，就可以运用得恰到好处，起到画龙点睛的作用。因此，教师应当尽量使课件展示与讲授融为一体。当然，在课件展示与讲授的转化过程中，教师最好使用一些衔接性的语言，以免让学生感觉教学手段的变换过于生硬。笔者在教学过程中，特别注意使用衔接性的语言，以保障教学过程的流畅和教学节奏的明快。

其三，把握好教学节奏。教师在上课前应该有明确的思路，预先设计好教学的全过程，以免因课件的使用不当或时机不佳而打乱了教学的节奏。教师还应当对何时使用课件、如何使用课件、怎样实现课件与讲授的自然过渡等问题有充分的考虑，以确保教学过程有条不紊地进行。如笔者在《史通》一章的教学中，预先设定了用课件展示《史通》的概况、《六家》的难解字词句、本章复习思考题、参考文献目录等内容的最佳时机，在实际课堂教学中则恰当地把握了教学节奏。

除以上三个主要方面外，其他问题也可能会在课堂上出现，特别是一些突发的情况，如电脑操作不灵，都会极大地影响课件的使用效果。所以，教师课前要充分准备，上课时则要随机应变，这样才能使课件这种现代化的教学手段发挥应有作用。

在中国历史文选的教学中制作和使用课件是对中国历史文选的教学手段和教学方法改革的一种有益探索，笔者结合教学实践谈论的几点粗浅看法必定有疏漏之处。如何制作高质量的中国历史文选教学课件和如何在课堂上恰如其分地运用中国历史文选课件，需要全体同仁进一步地探究与总结。

对古文实习室与图书馆共建的几点思考

北京师范大学　黄　益

中国历史文选是历史学专业学生的必修课之一，早在20世纪20年代初，陈援庵先生便先后开设了史学名著选读、历史名著评论等课程，帮助学生了解中国史书的概况，并切实提高学生的文言文阅读能力，这便是中国历史文选课的前身。新中国成立后，周予同先生率先主编并出版《中国历史文选》一书。在前言中，周先生指出了讲授这门课需要达到的两大目标：向学生介绍一些重要的历史典籍及中国史学发展的基本常识；通过讲习典型的历史作品，培养学生阅读并运用一般文言文史料的能力。其中，后者是其重点和难点。

为了更好地达成“授之以渔”的教学目标，一些学校专门设立了学生研习古文的活动室，如北京师范大学的古文实习室、西北师范大学的历史文选工作室等（本文将其称为“古文实习室”）。笔者尚未参加工作，无法从教学的角度对古文实习室的利用展开讨论。仅从学生的角度来观察，笔者认为，古文实习室与图书馆的共建将极大地促进中国历史文选教学目标的实现。笔者就此提出自己的几点粗浅认识，以资参考。

第一，与图书馆的共建、共享，能解决古文实习室难以全面、直观展现古籍全貌的难题。古文实习室的书籍数量较少，无法给学生展示整个中国古籍的基本情况。与图书馆共建、共享资源，可以将古文实践中的一两次课设在图书馆古籍部的藏书室内。根据图书馆藏书处管理人员的统一安排和部署，参观各书架分类书籍以及特色藏品，使学生对图书馆内古籍的内容、类型及分类标准等有初步的认识，并使学生由此对馆藏古籍的数量有一个直观的了解。

第二，与图书馆的共建、共享，能充分发挥专业方向的特长。同旅游时大家会聘请当地的导游同样的道理，进入图书馆进行古文实习时，聘请馆内工作人员进行讲解更便于充分发挥各自所长。承担历史文选课教学的老师，往往在历史专业的研究上独树一帜，但并不一定了解图书馆内古籍馆藏的编目、保存等情况，而馆内的负责人对此往往了如指掌。延请这些老师带领学生“游览”图书馆古籍典藏处，既解决了任课教师此方面的缺失，又能增加学生对古籍更深层次的了解。

第三，与图书馆的共建能帮助学生迅速检索到所需的资料。现代电子技术的高速发展，给人们检索信息带来了极大的便利，学生需要哪方面的资料，利用电子检索功能便能完成绝大多数书籍的检索任务。古籍的数字化也正在紧锣密鼓地进行。电子检索固然已经给了学生不少帮助，但从目前古文建设的情况来看，让学生学会利用卡片进行检索，对学习中国古代史、特别是需要大量利用古籍的同学来说，仍相当重要。将古文实习的一两次课程教学时间安排在图书馆的卡片目录检索区，向学生介绍卡片的分类方式、卡片记录的内容及卡片的编排方式，并随机出题，让学生参与实践。通过对书名、人名及分科等多种检索方式的实践，学生检索所需资料的能力必将大大提升。

第四，与图书馆的共建能解决古文实习室书籍少的难题。古文实习室的面积一般较小，书籍较少。除了二十四史及部分重要典籍之外，便只有极少数工具书如《辞源》《辞海》等。这些书籍便于教师在教学中指导学生查找字句的含义，便于学生对中国历史文选教材之外的文献有所扩展。以北京师范大学古文实习室来说，其藏书还拥有部分线装书，可以让学生对线装书的特点有初步的感性认识。通过教师的指导，学生可以初步解决如何阅读古书、如何认识版本、如何利用工具书解决古书阅读中的障碍等问题。

但是，这样的古文实习室仅能解决学生初步古文阅读与利用能力锻炼的需要。一旦涉及版本的比较、学术争议的讨论等问题时，古文实习室的书籍便完全不够用。比如，讲解《论语》中“君子不重则不威，学则不固”一句的标点及含义时，如果能让学生在图书馆借到多种《论语》的译注本进行比较分析，其效果比直观地给学生讲解每个字的字义有效得多。设立在院系的古文实习室多无法提供多种版本，而图书馆则能轻而易举地解决这一问题。

笔者自古文实习室的实践受益颇丰，也颇感古文实习室的些许遗憾。在进入硕、博士学习的过程中，笔者发现，在图书馆参观并查阅古籍的过程，正是一个很不错的古文实习过程。可惜这一阶段的不少“实习”由于缺乏老师的指导，走了不少弯路。笔者认为，如果能将图书馆资源与古文实习室有机结合起来，实现共建、共享，将是一条不错的“授渔”方案。

至于古文实习室与图书馆的共建，笔者认为，可以从以下几个方面进行。

第一，聘请图书馆古籍部的若干研究员担任古文实习课的特聘教师。这些特聘教师在每年的固定时间负责向学生系统详细地介绍本校古文的典藏情况、编目方式、版本情况等，并在学生对整个图书馆的古籍分布情况有所了解之后，带领学生“游览”图书馆古籍典藏库、欣赏学校的典藏精品。条件成熟者，可以延请这些特聘教师给学生介绍古籍版本的电子编目及纸本编目、古籍保护等方面的信息，增强学生对图书馆工作人员默默贡献的敬佩之情以及对典籍的保护意识。

第二，与图书馆共建专门的实习室。鉴于图书馆阅览室不许喧哗，且图书馆的部分书籍，特别是古籍，一般不外借的情况，与图书馆共建古文实习室时，比较可行的方案是将实习室设立在图书馆内。在每学期的固定时间段，根据教学的特殊需要，在课前向图书馆借出课程所需书籍，统一放置于图书馆专用实习室内。上课时，教师在该专用实习室内教导学生研习古文，并在课后立即归还图书馆各相关部门。当然，这一实习室可以与其他专业共享。

第三，鼓励学生勤工俭学，承担部分力所能及的图书馆工作。图书馆的工作中有一部分是比较琐碎的，如将古籍上架、抄录古籍目录、录入古籍信息等。与图书馆负责人协商，承揽其中的部分工作，让学生身体力行地进行一些简单的实践活动，对学生深入了解所得直观印象有更好的辅助作用。当然，这一工作的执行较之前两项，所需时间更多。所以，最好的办法是鼓励学生主动承担，教师协助其争取勤工俭学岗位，并延请特聘教师指导其完成工作。

诚如《中国历史文选》的出版是为了便于教师更好地进行该课程的教学，古文实习室的设立也是为了更好地实现历史文选的教学目标。每个学校根据自己的学生特点及教学特点，对中国历史文选书籍的内容会有不同的要求。同样，根据各个院校、各位老师的教学特点，对是否设立古文实习室以及如何利用古文实习室也有不同的考量。笔者所提，不过是作为一名学习古文献近十年的学生对这一问题的粗浅设想。共建的愿望是良好的，但需要担任此课程教学的教师乃至院系与图书馆更为深入、细致的磋商。

应用型人才培养目标下的中国历史文选教改刍议

运城学院　张莉

《教育部关于进一步深化本科教学改革全面提高教学质量的若干意见》（教高［2007］2号）明确提出了“推进人才培养模式和机制改革，着力培养学生创新精神和创新能力”的要求。通过“减少课堂讲授时数”等措施，“增加学生自主学习的时间和空间，拓宽学生知识面，增强学生学习兴趣，完善学生的知识结构，促进学生个性发展”。这不能不是对我们基础课程提出的严峻挑战。因此，探讨新形势下的教学改革和教材建设，就显得非常必要。

一、中国历史文选体例及其特色

中国历史文选是高等院校历史系开设的一门很重要的专业基础课，其目的主要是培养学生阅读和使用我国古典文献典籍的能力。我们首先讨论一下旧教材的体例及其特色。

以45院校本为例，原有的教材体例博大。全书共13个单元，加上序篇，共14个单元，“是一部历史文献总集选本，生动地体现了历史学综合性与百科性的特点”①。其中又以“史部”为主，设有 8 个单元，篇幅占到了 65%。其余 5 个单元分别是：经部、子部、集部、民族文献和考古文献。在每一个单元中，又分为四个层次：典籍概述；文章选讲；练习文选；通论。这四个内容组成了一个较为完整的系统，但从目录上就可见“单元制鲜明的纵横体系特色”。在“45 院校本”的前言中，主编在“教学建议”中曾提到课时减少对文选课的压力（冲击），明确提出：“教学要作大踏步地改进，才能适应新时代的需要。”课时减少，质量还要提高，核心有两个，一是教材编写，二是教学方法。本教材的特点之一就是“在有限的篇幅内，容纳充足的知识量。”

根据《教育部关于进一步深化本科教学改革全面提高教学质量的若干意见》（教高［2007］2 号）文件的要求，要建立新的人才培养模式，着力培养学生的创新精神和创新能力，只有加大实践教学的比例，相应缩小理论教学的课时，唯有这样，才能“增加学生自主学习的时间和空间，拓宽学生知识面，增强学生学习兴趣，完善学生的知识结构，促进学生个性发展”。要贯彻这一新的教育理念，适应社会对技能型人才的需求，传统的教学方法已不适应，随着而起的教学大纲、教学计划（现在统称为《人才培养方案》）、课时等一系列都要进行修订。原有的理论学时必须再次缩短，明显带来两个问题，一是在有限的学时内课程讲不完，老师不得不选择部分内容进行“精”讲，这样就人为地割裂了课程的完整性和系统性。原有的教学方法及教学手段主要是：以课堂讲授为主，课下讨论与练习为辅。课堂基本上是灌输式和填鸭式的。

① 张大可、王继光：《中国历史文选》，西安，陕西人民教育出版社，2001。

有鉴于此，中国历史文选教学改革势在必行，相应的，教材建设也要同步进行，原有的体例及模式应适当作出调整。

二、教学改革

教学方法上：首先，加大实地考察的时间。在“45 院校本”前言中，主编已高瞻远瞩地提出“必须把握中国历史文选是一门实践性很强的专业基础课这一特点”，并强调指出：“要强化实践教学，就要大力开展课外辅导，把练的时间基本放在课外”。这足以说明，实践性是本课程的基本属性。在新的教育理念下，实践性不仅要加强，还要拓宽其视野，不仅要注重学生能力的培养，还要积极引导学生参与到具体的社会实践中，具体而言，不仅要掌握基本的技能和知识，还要通过加强与实习基地的联系，开阔视野，感知实物，体会课堂教学的内涵，如以前文选课都安排学生到名胜古迹、博物馆等地实地考察，这种实践形式应恢复并加大。如笔者上大学期间，正是得益于文选课的实地考察，对太原周围的名胜古迹、寺观、庙宇等都进行了一番考察，尽管当时可能是走马观花，但对我后来阅读古文献都大有裨益。如老师讲到《唐太宗晋祠碑铭并序》，安排学生去晋祠实地考察，回来后写一篇考察报告等，这比仅仅阅读文本效果要好得多，体会也深入得多。

教学手段上：首先，适当使用多媒体教学。按照教材体例安排，每讲一篇课文前，要先介绍本篇文章的时代背景，以后是否可利用多媒体的教学手段，形象生动地放些图片。其次，师生角色适当转换。素质教育理念的要义就是，教学要面向全体学生；教学要面向学生的每一个方面；教学要让学生身心得到全面、协调、可持续的发展。这就要求教师成为课堂的组织者和引导者，学生成为课堂的主导者。那么，文选课这样进行是否合适？让学生成为课堂的“主角”，课时能否保证？这一切都是我们急需讨论的问题，期望能借助本次研讨会，开阔我们的思路。

三、教材建设

（一）将“通论”另编成册

从目前教材的体例格式看，虽以“文选”为主，但其实，“通论”部分，包括文选前面的“典籍概述”，内容其实相当庞大，虽然有省去了翻检之劳，但一定程度上也“淹没”了本教材的主题，即“文章选讲”。与其这样，我们是不是可以考虑将这些内容另编成册，作为教学参考用书，还可以考虑适当加大“通论”的内容。这样，既能突出选文的“核心”地位，又能使古汉语常识更具系统性、应用性。

（二）及时更新教材内容

首先，将少数民族文献的比例加大。《国家“十一五”时期文化发展规划纲要》在第七个部分“民族文化保护”一节中，提到要充分发挥高等学校和学术机构整理、研究和编纂传统文化典籍的作用，“加强民族古籍和文物抢救工作，搜集、整理少数民族古籍，编纂《中国古籍总目提要》《中国少数民族古籍总目提要》。做好格萨尔、江格尔、玛纳斯等古典民族史诗的整理出版和优秀少数民族文学作品的翻译出版工作。”十七大报告中也提到：“弘扬中华传统文化，建设中华民族共有精神家园。”提出要“加强对民族文化的挖掘和保护，重视文物和非物质文化遗产保护，做好文化典籍整理工作”。高校作为培养人才的专门机构，应培养社会急需的人才，因此，笔者认为，应加强这方面的内容选编。

其次，吸收新的考古方面成就，如碑铭、墓志、行状等。近年来，考古发现成就斐然，有些考古成果具有重要的历史意义，可以适当加入这方面的文献。如由唐太宗李世民御制御书的《晋祠之铭并序》，是国家重点保护文物，不仅“字体飘逸洒脱，遒劲雄奇，是我国现存最早的一通行书大碑”，而且是一篇“研究李世民政治思想的重要文献”，像这样价值珍贵的碑铭，俯拾皆是，应适当选择进入教材。又如《侯马盟书》《鄂君启节》等，不仅具有重要文献价值和史学价值，还具有珍贵的艺术价值。

再次，加入科技史方面的内容。正史中的《天文志》《律历志》等，可以适当加入，弃其糟粕，取其精华。

（三）适当插入图片

史书中加入图例，在中国古代典籍中并不鲜见。南宋著名史学家郑樵在《通志》中专列一“图谱略”，强调指出：“河出图，天地有自然之象，图谱之学由此而兴。洛出书，天地有自然之文，书籍之学由此而出。图成经，书成纬，一经一纬，错综而成文。古之学者，左图右史，不可偏废。”他强调图的重要性是：“即图而求易，即书而求难，舍易从难，成功者少。”① 清代著名方志学家章学诚在《和州志舆地图序例》及《永清县志舆地图序例》中，也指出图的重要性：“史部要义，本纪为经，而诸体为纬。有文辞者，曰书曰传；无文辞者，曰

① （宋）郑樵撰，王树民点校：《通志二十略》，北京，中华书局，1995。

表曰图；虚实相资，详略互见，庶几可以无遗憾矣。”① 仓修良先生为此指出，“图的表达往往是文字所无法表达出来的，况且又形象、节省文字叙述的篇幅”。虽然章学诚强调的是修志中要充分发挥图的作用，但我认为，史书中图的作用一定也很重要。古人尚且如此强调图的重要性，《中国历史文选》教材作为历史专业的一门“入门课”，何尝不加入一些图例，激发学生的兴趣呢？

综上所述，中国历史文选作为高等院校历史系开设的一门重要的专业基础课，其“基础”地位不能动摇。为了适应时代对应用型人才的需求，转变教育理念，更新教学内容，改进教学方法，又势在必行。我们必须找到二者的契合点，尊重教育教学规律，以科学的态度推进中国历史文选的教学工作更上一个新台阶。

---

① （清）章学诚著，仓修良编注：《文史通义新编新注》，杭州，浙江古籍出版社，2005。

再谈中国历史文选的对外教学

复旦大学　沈振辉

中国历史文选的对外教学是指对来华学习、进修的外国留学生和外国学者进行的中国历史典籍的教学和研究指导，也包括我国学者应邀去国外作涉及这一学科的讲学。改革开放以来，随着我国对外交往的增加，历史文选的对外教学有逐步发展的需求。

历史文选的对外教学中，了解学习者原有的文化背景对教学指导有很重要的意义。本文专就日本人接触中国典籍的历史及现状作一勾勒，从中思考其给历史文选对外教学带来的启示。

一

日本人把日本的中国典籍称作汉籍。汉籍在古代很早就已传入日本。据日本古书《古事记》记载，公元285年（日本应神天皇十六年），来自朝鲜半岛百济国的博士王仁东渡日本，将《论语》十卷、《千字文》一卷传授于日本。这一记载说明，公元三世纪时，中国的典籍已传入了日本。日本的飞鸟时代（593～710年）、奈良时代（710～794年），有更多的中国典籍东传日本。这可从604年（日本推古天皇十二年）圣德太子制定的《十七条宪法》中许多遣词造句直接引用中国经典得到证明。718年（日本元正天皇养老二年），日本朝廷颁布的《养老律》和《养老令》中，除大量引用中国典籍外，亦仿中国做法，把儒家经典分为"大经"（《礼》《左氏春秋》）、"中经"（《诗经》《周礼》和《仪礼》）和"小经"（《易》《尚书》）三类。公元741年，日本最早的汉诗集《怀风藻》编成，书中汇集了64位日本诗人的作品，其中有141处引用中国的典故成语。

中国典籍在日本的传播有过两次高潮，第一次是在平安时代（794～1184年），日本皇室竭力倡导学习中国典籍，朝野上下形成了一派讴歌汉风的风气，日本嵯峨天皇在即位不到4年的时间里就敕令编撰了《凌云集》和《文华秀丽集》两部汉诗集，此后的各代天皇都热衷于学习中国典籍。醇和天皇在位期间（823～833年），日本编就了一部大型的汉籍类书《秘府略》，全书1 000卷，征引的中国典籍不下于1 000种。9世纪末，藤原佐世奉敕编纂《本朝见在书目录》，载入的中国典籍有40类，1 568种、16 725卷，据严绍璗教授研究，这些典籍约占当时中国文献记载的典籍一半。

中国典籍传入日本的第二次高潮是在江户时代（1603～1876年），江户时代日本的商业经济有了很大发展，与中国的商业往来迅速增长。中国的文献典籍通过贸易渠道进入日本，其数量和规模较之平安时代有了很大发展。据当时长崎海关档案资料统计，自1693年至1803年的110年间，由中国商船运进的中国典籍达4 781种。另据大庭修先生统计，从1714年

（清康熙五十三年）至1855年（清咸丰五年），经长崎输往日本的汉籍达6 118种，总计57 240多册。其中有儒家经典，有《古今图书集成》《大清会典》、各省地方志和有关法律方面的书籍，有农林、医药、历算等实用书籍，还有许多小说、传奇等文艺作品。

近代以来，中国典籍继续传播日本。如今，日本有许多文库和图书馆都收藏了大量中国典籍，其中不乏善本、珍本。如日本的国家图书馆“内阁文库”藏有汉籍古本约为185 000册，其中有宋刊本20余种，元刊本70余种，大部分为明刊本，其数约有4 700种。“静嘉堂文库”是收藏汉籍宋元古本最为丰富的一个文库。在它所藏的1 180余种汉籍善本中，有宋刊本120余种，元刊本150余种，明刊本550余种，明人写本70余种，此外，还有清代名家如朱彝尊、顾广圻、黄丕烈诸人的手写本和手识文本260余种。东洋文库藏有许多珍贵中国典籍，其中中国的地方志和族谱搜集之多，在国外图书馆中是仅见的。东洋文库还藏有大量的藏文、蒙文、满文典籍以及近代中国的研究文献。日本以收藏中国典籍著名的还有东京国立博物馆、东方文化研究所、金泽文库、尊经阁文库、米泽图书馆，东京大学、京都大学、早稻田大学、大东文化大学等许多国立和私立大学。

文献典籍是文化联系的桥梁，千百年来，中国的典籍源源输入日本，受到日本人的重视，学习汉文汉籍在日本蔚然成风。时至今日，日本人还普遍具有以阅读汉籍的能力显示教养程度的根深蒂固的意识。汉文汉籍在日本之所以有这么大的影响，从历史上分析，大约和以下三个因素有关。

第一，是“汉籍和训”的发明。日本人在古代很长的时期内，是按汉语的读音读法来直接阅读汉籍的，其间虽有吴音与唐音的变换，然而，都是用汉语直读。能用此法读懂汉籍的仅限于皇室、贵族、官僚及僧侣阶层的少数人。后来，日本发明了“汉籍和训”，其法是在汉文原著上按每一汉字的训诂意义标注上日本的假名，大大方便了阅读。“汉籍和训”大约起源于平安朝时代，真正形成是在日本应永年间（1394～1428年）歧阳方秀为《四书》所作的和训，1502年，歧阳的弟子桂庵玄树对和训加以修正，开创了“桂庵标点”，为后世普遍推行。[①]“汉籍和训”的发明使得汉文修养不太高的日本人也能读懂汉籍，增加了普通日本人接触汉籍的机会。因此，大大扩大了汉籍的社会影响。

第二，是日本汉学研究的非中国化。在古代，以儒学为代表的中国文化长期影响日本，成为日本文化发育的营养素，这使得日本文化深深地渗入儒学的意识形态。江户时代，以明经训诂为主的日本旧儒学被研习二程和朱熹学问的新儒学所代替，人称“宋学”。宋学在日本成为一门独立学术，标志着日本汉学独立形态出现。汉学在国外一般是指研究中国传统文化的学问，西方人称Sinology。但是日本汉学和世界其他国家不同。日本人不把汉学视作外国学问，而是把它作为日本学问。日本大学里的国文科或国文汉文科研究的对象就是汉文汉籍。日本另有“支那学”（第二次世界大战后不用此名）和“东洋学”，前者为针对中国的研究，后者是以中国为中心的东亚国家的研究。因此，Sinology如果翻译成日文，只能译作“支那学”而不能译成“汉学”。对此，日本学者沟口雄三有过评论，他称日本的汉学家是一些“头脑里没有中国的中国研究者”。他在《作为方法的中国》一书中指出：“日本汉学的特征……

① 严绍璗：《日本中国学史》，83～85页，南昌，江西人民出版社，1991。

在于它试图构筑一个没有‘异’的‘自我’的世界，亦即舍弃‘异己’而以自己为小宇宙的世界。”“所以日本汉学当然不可能是外国学，在本质上，它只能是日本学。”① 沟口雄三指出日本汉学以自我为中心，沉浸于自己的学问圈子，这和其他国家的汉学研究立场有着本质的不同。日本人对于中国古籍的理解时有日本式的偏向，比如中国阳明学中“心即理”这一命题，其内容是基于中国乡村宗族的秩序观念、孝悌伦理的背景产生，本意为“内心的本质或根源是道德性”。但是，日本汉学家将“理”理解为超越内容的一种实体性规范。把“心即理”解释为人心就是最高的规范，甚至于认为阳明学是主张可以无视国家的法律制度，按照自己的内心所信来行动的革新思想，这种解释显然是被日本化了的中国思想。日本汉学研究的非中国化受到现代学者的抨击，但是它在历史上对于增加日本人对于汉文汉籍的亲和力，扩大汉籍在日本的影响却是一个不可忽视的重要因素。

第三，是日本采取的振兴“汉文教育”的政策。日本在古代以儒学占据教育的主导地位。明治维新后，随着欧美文化思潮的拥入，“脱亚论”勃兴，儒学受到批判。然而，明治维新追求的是天皇专制政体下的近代化，当民权运动超出天皇制政体在维新中追求的根本目标时，便遭到自上而下的反拨。1879年，日本以天皇名义颁布了《教学大旨》。提出要以仁义忠孝、道德之学来匡正教育。在此之后，一度低迷的儒学教育得以复苏，汉文汉籍成学校教育的必备课程。

日本振兴“汉文教育”是包括从小学、中学到大学的全国性教育体制的整备。其中许多规定是非常具体的。如，1881

① 孙歌：《汉学的临界点——日本汉学引发的思考》，载《世界汉学》创刊号，1998-05。

年制定的《小学校教则纲领》规定：进入小学的中等科（相当于三、四年级）以后，就要教授简易的汉文读本。同年制定的《中学校教则大纲》规定：初中、高中的 5 年间，每周学习和文、汉文的时间各为 6 至 7 小时，为各门学科之最。1886 年颁布的《寻常中学校学科及其程度》中，对学生要达到的汉文阅读和写作能力作了规定。1902 年在《中学教授要目》中，更进一步规定了各学年要达到的汉文教育要求。其中第一学年“国语和汉文课的比例是国语八、汉文二”。汉文学习要点是掌握词性及正确书写。第二、第三学年“国语和汉文课的比例是国语七、汉文三”。第四学年“国语和汉文课的比例是国语六、汉文四”。汉文学习有句读、返点（在汉文中加上日本句读符号，以表示汉字次序和词性的方法）、省去送假名（在汉字后表示词性和时态变化的假名）的要求。第五学年国语和汉文课的比例也是国语六、汉文四。在汉文文章的选用上，要求从第一学年就采用文意完整的全篇，前三学年用日本作家编写的课文，第四学年选用唐宋八大家、唐诗选、清初名家等作品，第五学年加上《史记》《论语》之类作品。1893 年起，日本在中学里还开设了“东洋史”的历史课，教授内容主要为中国历史。①

这一时期汉文教育的振兴也在大学进行。1877 年二松学舍在东京创立，这是一所专以儒学教育为特色的学校，讲授的全部是汉文汉籍课程。有《论语》《孟子》《大学》《中庸》《礼记》《书经》《易经》《孝经》《左传》《史记》等。它和 1923 年日本建立的另一所以汉文汉籍为教学内容的学校大东文化学院在财政上经常获得天皇的“赐金”。1877 年东京大学文学部设

① 李庆：《日本汉学史》（第一部），392～400 页，上海，上海外语教育出版社，2002。

立了和汉文学科，意味着国立大学汉文教育的振兴。1881年东京大学文学部又特设“古典讲习所”以加强汉文典籍的教授与研究。1897年日本政府在京都设置了京都国立大学，后来，又在北海道、仙台、名古屋、大阪、九州等地设置了国立大学，在这些大学中成立了与汉学、东洋史学等有关的学科、科目或者研究机构。此外，早稻田大学、庆应义塾大学、大谷大学、驹泽大学等私立大学也纷纷开设汉文汉籍课程。日本的大学及社会上还成立了许多和汉学研究有关的学术团体。这样，在明治维新之后的半个世纪中，日本与汉文汉籍相关的教学和研究在新的教育结构中逐渐固定下来，这一状况一直延续到现代。

二

现代日本学校对于汉文汉籍的学习依然很重视。据日本文部省公布的资料，现代日本人大约从初中时开始接触汉文汉籍。当前日本使用的初中《国语》课本一共有5种，它们都有汉文汉籍的内容。其中一年级有中国的典故成语故事，如“守株待兔”、“矛盾”等，二年级有一些汉文的短篇文章，如“《论语》学而篇”、“《战国策》狐假虎威”等，三年级有汉诗和中国现代作家作品，如李白《黄鹤楼送孟浩然之广陵》、鲁迅《故乡》等。

日本的高中课本有更多阅读汉文的要求，现在使用的日本高中课本大约有20多种，其中都有汉文课文。以下是当前市场占有率最高的东京版高中课本中有关古典汉文的目录。

1. 小故事。

《史记》晏子之御、《十八史略》先从隗始、《韩非子》不死之药、《十八史略》苏武持节、《世说新语》漱石枕流。

2. 诗。

孟浩然《宿建德江》、王维《鹿柴》、李白《怨情》、韦应物《秋夜寄丘员外》、王昌龄《芙蓉楼送辛渐》、李白《望庐山瀑布》、岑参《逢入京使》、张继《枫桥夜泊》、杜牧《赠别》、王勃《送杜少府之任蜀州》、杜甫《月夜忆舍弟》、钱起《送僧归日本》、白居易《草》、崔颢《黄鹤楼》、孟郊《游子吟》。

3. 史记。

项羽和刘邦、鸿门之会、项王自刎。

4. 思想。

《论语》性相近也、《孟子》不忍人之心、《荀子》人之性恶、《庄子》无用之用、《论语》礼之用，和为贵、《老子》无为之治、《韩非子》侵官之害。

5. 古诗。

《诗经·桃夭》、《诗经·硕鼠》、《乐府诗集·上邪》、《文选·行行重行行》、《文选·去者日以疏》、《陶渊明集·饮酒》、《陶渊明集·责子》、《乐府诗集·敕勒歌》。

6. 文。

屈原《渔夫辞》、陶渊明《桃花源记》、柳宗元《送薛存义序》。

日本高中课文中还有一部分是日本人写的汉诗汉文，如大津王子《临终一绝》、广濑淡窗《桂林庄杂诗示主声诸生》、夏目漱石《题自画》、佐藤一斋《涉世间之道》等。

日本人中学读汉文汉籍是用“汉籍和训”的方法，即在汉字旁加注日式的句读符号和返点，用日语发音来读。读时对汉文句子中的词序需加变化。日本高考时出的汉文题就是使用这一方法。下面是 2004 年日本全国高考国立大学国文考试卷中的汉文试题：

楚人謂レ虎為二老虫一、姑蘇(注一)人謂レ鼠為二老虫一。余官二長洲(注二)一、以レ事至二婁東(注三)一、宿二郵館(注四)一。滅レ燭就レ寝、忽碗碟(注五)砉然(注六)有レ声。余問レ故。閽童(注七)答曰、「老虫。」余楚人也、不レ勝二驚錯一曰、「城中安得レ有二此獣一。」童曰、「非二他獣一、鼠也。」余曰、「鼠何名二老虫一。」童謂「呉俗相伝爾耳。」嗟嗟、鼠冒二老虫之名一、至使余驚錯欲走。良足レ発レ笑。

然今天下冒二虚名一駭二俗耳一者、不レ少矣。堂皇(注八)之上、端冕(注九)垂紳、印累(注十)綬若若者、果能遏二邪萌一、折二権貴一、摧二豪強一歟。牙帳(注十一)之内、高冠大剣、左秉レ鉞(注十二)、右仗レ纛(注十三)者、果能禦二群盗一、北遏レ虜、南遏二諸夷一、如二古孫呉起翦之(注十四)儔一歟。驟而聆二其名一、赫然喧然、無レ異二於老虫一也。徐而叩レ所レ挾、止鼠技耳。夫至下挾二鼠技一、冒二虎名一、立二民上一者皆鼠輩上、天下事不レ可二大憂一耶。

（注）
一、姑蘇……呉地方の古いみやこ。ここでは広く呉地方を指す。
二、長洲……呉地方に属する県の名。
三、婁東……呉地方に属する町の名。
四、郵館……宿屋。
五、碗碟……食器。
六、砉然……がたがたと音を立てるさま。
七、閽童……門番の少年。
八、堂皇……国政を行なう大広間。
九、端冕垂紳……威儀を正した礼装。
十、印累累而綬若若……官職を示す印や玉をたくさんつけ、その組みひもが長くたれているさま。
十一、牙帳……大将のいる軍陣。
十二、鉞……まさかり。
十三、纛……大きな軍旗。
十四、孫呉起翦……孫子・呉子・白起・王翦のこと。いずれも春秋戦国時代の軍師・名将

这篇文章选自明代江盈科的《雪涛小说》，试题对文章的难点作了注释，要求学生看懂文章后回答六道问题。其分数占整个高考国文试卷的四分之一。日本国立大学比较注重学生的汉文能力，认为汉文能力好的学生其他成绩也不会差。因此国立大学的考试汉文是必考科目。日本高考汉文的题目一般出自比较冷僻的汉籍，以免学生押题。题目亦具有一定的难度。2005年的高考汉文题出自明代张燧的《千百年眼》，其文字如下：

鮑叔固已識管仲于微時。仲相齊叔薦之也。仲既相，內修政事，外連諸侯。桓公每質之鮑叔。鮑叔曰：“公必行夷吾之言。”叔不惟薦仲，又能左右之如此。真知己也。

及仲寢疾，桓公詢以政柄所屬，且問鮑叔之爲人。對曰：“鮑叔君子也。千乘之國，不以其道，予之不受也。雖然其爲人好善而惡惡已甚，見一惡，終身不忘，不可以爲政。”仲不幾負叔乎。不知此正所以護鮑叔之短而保鮑叔之令名也。叔之知仲世知之，孰知仲之知叔之深如是耶。

曹參微時，與蕭何善。及何爲宰相，與參隙。何且死推賢惟參。參聞亦趣治行，“吾且入相”。使者果召參。參又屬其後相，悉遵何約束，無所變更。此二人事，與管鮑相反，而實相類。

这篇选题从文字和内容的难度看，是不低于我们中国国内高考的古文题的，只是它是用“汉籍和训”的方法来读，读懂文章的学生并不会汉语。

日本大学文科亦重视汉文汉籍的教学，以关西大学为例，2005年开设的有关中国古典文史类学问的课程就有10门，名称有“中国文学史”、“东洋史概论”、“中国古代典籍选讲”、“中国文学作品研究”等。授课对象除“东洋史概论”为一二年级学生外，其余都是二年级和三年级学生。有的课程要连续两年，如“中国文学作品研究”在二年级有两门课，其中一门讲授从诗经到唐诗的中国古典诗歌的发展，一门课专讲唐诗。三年级的“中国文学作品研究”也开设两门课，一门讲六朝志怪小说和列朝鬼怪故事，一门讲授《孟子》。“中国古代典籍选讲”是二年级开设的课程，也分两门，一门讲授南宋的蒙书《小学》，另一门讲授《论语》。这些课程一般是用日语讲解的，学生阅读时用汉籍和训的方法。当然，有些课程也学习一些汉文的规律性知识，如“中国文学作品研究”要学习《汉文入门》，“中国古代典籍选讲”用三国魏何晏《论语集解》和南宋朱熹《论语集注》做教材，通过读原著了解古文规律，掌握古文基础。

日本大学注重古文原著的学习，研究生阶段更是如此，例如，大东文化大学为学习史学的研究生开设的专题课用《资治通鉴·晋纪》和《史通》做教材，上智大学为史学研究生开设的专题课用《通鉴纪事本末》《资治通鉴·唐纪》《册府元龟》做教材。上智大学的那位教授是研究唐朝的，他选用的三种教材都讲唐代的一段，先用《通鉴纪事本末》了解基本史事，然后读《资治通鉴·唐纪》，时代更为接近唐朝，两书又可互相比较，最后读《册府元龟》。日本大学就读中国古典文史专业的研究生学习时接触的古汉文资料是比较多的，如东京一所著名大学的史学研究生研究唐代的城坊，教授开出的基本文献书单分三类，第一类有二十五史、资治通鉴、唐会要、唐六典、全唐文、大藏经、大唐开元礼、唐律疏议。第二类有（唐）韦述《两京新记》、（宋）宋敏求《长安志》、（清）徐松《唐两京城坊考》。还有现代学者写的书，如阎文儒、阎万钧《两京城坊考补》、李健超《增订唐两京城坊考》、杨鸿年《隋唐两京坊里谱》，以及日本学者福山敏男《福山敏男著作集6·中国建筑与金石文研究》、平冈武夫《唐代的长安和洛阳·资料篇》、小野胜年《中国隋唐长安·寺院史料集成》等。第三类是唐代的墓志，并要看一些相关的论文。

日本的大学生和研究生学习古典汉文原著使用两种方法，一种继续用汉籍和训的方法；另一种是用汉语来读，这就需要学习汉语。日语中有许多汉字虽然和汉语是一样的，但是汉语和日语毕竟是两种语言，是需要从头学起的。日本一些学习中国古典文史专业的学生常以中文作为自己的第一外语。导师对此也比较重视。2001年第1期的《史林》上有一篇悼念日本学者岛田虔次的文章，作者是岛田的一位研究生，跟随岛田读东洋史专业。作者回忆她刚读研究生时，岛田虔次就要求她学汉语，文章说："对一名尚未具备汉籍读解能力的学生来说，每天只是和古汉语打交道。那时的感觉是，一个个黑色的汉字如同垒筑起的坚壁一样，要攻克谈何容易，就像在用脑袋去撞击一样，艰难而乏味。既没有那种出自古人口中话语的栩栩如生之感，也没有什么史料生动感人和趣味无穷的体会。"然而，岛田虔次严肃地对她说："在我们这里，岂有研究中国史而不学习中国语的道理。""并非要求你们像当地人那样具有外国语的能力，但至少要像在学校阅读英语文章那样，也能熟练地用中国语读中文。"她牢记导师的教诲，"抓紧一切时机学习中国语"。后来终于能熟练地用汉语来阅读史料了。她回忆当时读书的情景，"研究班上用作解读的教材有章炳麟的《驳康有为论革命书》，还有情绪缠绵的《家书》等。先用中文朗读，接着用日语按日本文法阅读。"① 这位日本人说的用两种方法读古文，是日本人研究中国古代典籍的较为独特的方法。

日本大学一百多年来形成了对中国学问进行教学和研究的庞大学术队伍，严绍璗教授在《日本的中国学家》一书的"前言"中说，1977年日本全国430余所国立公立和私立大学从事中国文史哲方面教学的讲师以上的研究者共计有1 322人，开设了将近2 500门中国问题的研究课程。这一数字是根据日本1978年的《全国大学职员录》的统计，其中尚不包括名誉教授、退休学者、在短期大学任教的正副教授，以及各有关中国问题

① 〔日〕森纪子：《悼念岛田虔次先生》，载《史林》，2001（1）。

研究所的专任研究员。若加上这些，估计这支队伍约有 3 000 至 3 500 人。[①] 1977 年以来，这支队伍又有长足的发展，这使日本成为海外研究中国学问最重要的国家之一。日本研究中国学问的学者可以不懂中文，因为他们有“汉籍和训”的阅读方法。但是，真正在学术上有所成就特别是其中出类拔萃的，还是懂得中文的，尤其是到中国来留过学的学者。

三

日本是中国的近邻，无论过去或是现在，对于汉文汉籍都有一种独特的相知之缘。日本学校的教育体制将汉文汉籍的学习置于重要位置，因此，来华学习的日本留学生对于中国古代典籍的知识并不是一张白纸。日本学生对于汉文汉籍具有一定的了解，是教授日本学生学习中国历史文选的有利因素。但是，这一有利因素是有限的。主要体现于三个方面：第一，汉语和日语的汉字虽有不少是相同的，但是有的字释义并不一致，望文生义往往会发生理解错误；第二，日本学生接触中国典籍一般是用“汉籍和训”的方法，汉籍和训作出的意译，有时与原书有歧义，学习者的理解易被和训牵着鼻子走；第三，日本汉学研究的非中国立场，使日本人对于中国古籍的理解会带有日本式的偏向。由于这些原因，日本学生即使对以前学过的古文再用汉语读解时仍然会有一定的新意。

研究中国学问的最佳途径是用中文在中文的语境下阅读中国文献，这一问题早在 18 世纪初已有日本人认识到了。日本汉

---

① 严绍璗：《日本的中国学家》，北京，中国社会科学出版社，1982。

学形成独立的学术后曾出现过不同的学派，其中有一派叫做“古文辞学派”，其创立者荻生徂徕力主以中国语直接阅读汉籍，然后才转成日语表达。荻生徂徕在他晚年写的《徂徕先生学则》中极为精辟地表述了他的学术观点，他认为日本与中国各自拥有自己的语言，而用“汉籍和训”方式阅读汉文古籍使得这种区别变得模糊，易使读者把中文所包含的内容理解成日语的内容。他举例说，读《橘颂》时，生活于长江以北地区不产橘的地方之人以枳代橘，设想其颜色味道，焉能不张冠李戴？而站在他国的立场上理解中国独有的四海皆无之物，其理与以枳代橘正相类似。所以，他主张要恢复中国典籍的“中国特色”，直接在中文的语境中用中文的方式去阅读中国典籍。①

荻生徂徕的观点很有道理，但是在那一时代日本人阅读汉文汉籍普遍使用“汉籍和训”的方法，先学习实用中国语，再研究汉籍对于日本人来说是绕圈子走远路，没有必要。明治维新后，崇洋排亚思潮在日本流行，学习中国语和用中国语研读中国古籍的倡导在日本学术界响应者更是寥寥。

日本走上军国主义的道路后，为了侵略中国的需要，组织人员关注和研究中国的近代社会，学习实用中国语。在政府的重视下，日本的“支那学”研究建立起来，这对战后的日本汉文教育产生影响。战后，日本国内的汉文教育呈现四种情况，一是沿用日本传统的“汉籍和训”的方法教读中国古文；二是借用“汉籍和训”的方法教读现代中国文，日本人称为“时文”。时文和古文的学习词汇有很大不同，如古文学习应掌握“汝”这个字，时文则需要掌握“你”这个字。三是有些从军队

① 孙歌：《汉学的临界点——日本汉学引发的思考》，载《世界汉学》创刊号，1998-05。

中退下来的粗通汉语口语的人员直接或间接地从事汉文教育。四是有少量的研究中国学问的学者用中国语教读中国古籍。

第二次世界大战后至今半个多世纪以来，日本人的汉文教育就是在上述背景下展开，如今，那一时期培养起来的学者正在日本的学界挑着大梁，他们中不会汉语，只用“汉籍和训”法研读中国古籍的为数还不少。然而，现在的日本人正逐渐偏向于用汉语来读解中国古籍。20 世纪 90 年代后，日本的汉语热持续升温，大学中就读中国古典文史类专业的学子也纷纷投入汉语学习，其中不少人还负笈中国游学。日本年轻的一代学人似乎正在回归荻生徂徕的观点，越来越多地使用中文直接研读中国的典籍。

现代日本人通过“汉籍和训”方式得到的古汉文修养与他们的前辈相比逊色不少。日本学者大野晋生于 1919 年，他在其著作《日本语练习册》中说，他这一代人能读懂汉文，但是很难理解汉诗，他的父亲一代的人能品味汉诗，但是不能自己作汉诗，而他的祖父一代的人却能自己作汉诗。他因此感叹世代间的差异很大。大野晋所说的日本人作汉诗、品味汉诗、读懂汉文都是指用“汉籍和训”的方式进行的。他说的世代间的差异显然是用“汉籍和训”方式接受的古汉文修养的差异。今天，日本的年青一代通过“汉籍和训”得到的古汉文修养恐怕比大野晋一辈的人更少了。现代日本的学校教育虽仍然重视汉文汉籍的教学，“汉籍和训”仍然在日本流行，然而，在校学习的年轻人通过“汉籍和训”训练得到的古汉文修养已远不如上几代人，这是日本社会的现实。

大野晋感叹日本人的汉文修养在衰退，所说的是通过“汉籍和训”的方式获得的汉文修养的衰退。但是，另一方面，日本年轻人通过学习汉语用汉语来阅读研究中国古籍的却在大大增加。这一退一进反映了当前日本人接触汉文汉籍方式的某种变化趋向。

“汉籍和训”是日本绵延几个世纪的文化传统，它和由这一方式联系的日本人将汉文汉籍视为日本学术内涵的思维都不会一下子消失。但是，日本年青一代学人热衷于用汉语来研读中国文献典籍却给我们以启示，开拓中国历史文选课对外教学应属正逢其时。

中国历史文选课的对外教学中，日本留学生是重要的生源。日本留学生已有一定的汉文汉籍知识，这就需要我们考虑如何在教学中采取应对措施，以更好地适应学生的情况。本文介绍的日本人接触汉文汉籍的历史和现状，是为这项研究做一铺垫，希望能得到方家的斧正，以促进教学相长。

历史文选课对外教学面对的学生来自各个国家，不同国家的学生学习这门课都有各自的特点，推而广之，都要在认真考察、仔细分析的基础上，对其特点得到认识，方能使教与学各方都有所长进。这方面可以做的事还很多，本文抛砖引玉，期待在这一领域有新的探索。

中国历史文选课程考核改革探索

广西师范大学　韦勇强

中国历史文选课程是高等学校历史专业的基础课和工具课。教育部明确规定，本课程的教学目的是，通过各种体裁、各个历史时期典型的历史作品的教学，培养学生阅读并运用一般文言文史料的能力，同时使学生了解中国古代的重要历史文献，具备一定的文献学、史料学素养，并掌握运用工具书解决问题的能力。为做一名合格的中学教师和历史科学研究者奠定坚实的基础。

长期以来，从事中国历史文选课程教学工作的专家学者们，都重视对该课程进行教学改革，使其保持活泼的生命力。但大家关注的多是教学方法及教材建设等方面的改革，较少有人提出其考核方面也需要进行改革，因此该课程考核方面的改革研究，比起教学方法及教材建设改革研究之热烈和丰富就显得很是冷落了。争论较少，并不意味着该课程考核方面已经足够完善。今就此课程的考核改革问题提出一些自己的见解，就教于各位专家。

一、中国历史文选课程的考核要求应该明确与统一

目前，各院校对于中国历史文选课程的考核并未提出统一、具体的要求。该课程考什么、如何考？大家都根据自己对教学目的的理解，提出各自学校的考核要求。普通院校往往模仿甚至照搬重点院校的考核标准和试卷，没有自己一套明确的、独立的考核要求。这些都使得该门课程的考核随意性大，缺乏规范性、甚至科学性。例如，广西师范大学对该课程的考核要求“重点是考查应试者对文言文史料的阅读与运用能力”。① 湖北师范学院考核的要求是“测试应考者完整、准确掌握中国历史文选的基础知识与基本理论”。具体而言，则是测试应考者的识记、理解、分析与综合四种基本能力。识记能力：要求识别、记忆中国历史文选中有关名词、概念和知识。并能正确认识和表达；理解能力：要求对中国历史文选中有关重要概念、思想和观念能够理解其内涵，并牢固掌握其要点；分析能力：能运用所学知识分析具体史料，并加以辨别；综合能力：要求运用所学知识，运用具体史料解决相关问题。② 两相比较，广西师范大学以“考查应试者对文言文史料的阅读与运用能力”为重点，而湖北师范学院则强调“测试应考者的识记、理解、分析与综合四种基本能力”。这说明两校在考核要求上有差异，而这种差异体现出两校对于该课程教学目的理解上有显著不同。再看各院校对考核内容的选择，广西师范大学中国历史文选考试大纲

① 广西师范大学：《中国历史文选》考试大纲。

② 湖北师范学院：《中国历史文选》考试大纲。

中规定“历史要籍概况”部分的分值为30，“阅读与运用文言文史料的能力”部分的分值为70。湖北师范学院中国历史文选考试大纲规定“识记、理解、分析、综合四种能力的分值比例为2∶3∶3∶2”其中识记、理解部分所考内容即是“历史要籍概况”，这部分的分值当为50，分析、综合部分所考内容为“运用文言文史料的能力”，这部分分值为50。在华中师范大学的《中国历史文选》试题中，名词解释、简答部分所考内容是“历史要籍概况”，分值为30，断句标点、字词注释、句子翻译、背诵默写部分所考内容是“文言文阅读及运用的能力”，分值为70。三校考核分值比较，则广西师范大学与华中师范大学一样，“历史要籍概况”与“文言文阅读及运用能力”分值之比同为3∶7，湖北师范学院这两部分分值比则为5∶5。分值安排的差异，应该说也是三校对于该课程考核重点的理解存在差异所致。广西师范大学和华中师范大学的试卷似乎更强调考核学生“文言文阅读及运用的能力”，而湖北师范学院则将“历史要籍概况”和“文言文阅读及运用能力”两者同等看待。我们不是利用这些考试大纲和分值数据来评论哪个学校关于该课程考核重点的理解才是符合教育部颁布的教学大纲，哪个又偏离了该大纲，只是说明一个事实：各个院校对于该课程考核的要求实际上不一致。

中国历史文选课程的考核有必要采取统一的要求吗？答案应该是肯定的。因为，课程考核是课程教学的向导，考试方法与内容直接对教师的教学和学生的学习起着导向作用。目前，中国历史文选课程考核要求的不统一，必然会导致各院校在该课程教学内容及教学要求等方面存在着巨大差别。为避免各院校在同一门课程上出现教学内容与考核内容千差万别的现象，有必要规定统一的考核要求。考核要求的制定应以教学大纲为依据。教育部《中国历史文选教学大纲》上明确规定该课程教学目的是“培养学生阅读并运用一般文言文史料的能力，同时使学生了解中国古代的重要历史文献，具备一定的文献学、史料学素养，并掌握运用工具书解决问题的能力。”在这一表述中“培养学生阅读并运用一般文言文史料的能力”无疑是排在首位的，与之相应，考核要求中也应以测试学生“阅读并运用一般文言文史料的能力”为重点，这应该就是我们统一的考核要求。偏离这统一要求，各行其是，会加大各院校在该课程教学水平、教学效果上的差距，影响到学生“阅读与运用文言文史料能力”的培养，使其今后学生在报考国内其他院校的硕士研究生、博士研究生时因平时教学要求的不同而遭遇困难。

二、中国历史文选课程考核内容应真正能够“测试学生阅读与运用一般文言文史料的能力”

中国历史文选课程考试内容，目前主要是两大块，一是要籍介绍部分；二是文选部分。前者主要的题型，不外乎选择、填空、改错、名词解释、简答几类；后者也只有解释加标点的字词、短句翻译、白文标点及文言文史料翻译等几种类型。这些形式对检查学生掌握文选课知识的情况，确实能起到一定作用。但由于试题内容局限于课文之内，老师在平时的讲授过程中都曾解释过这些知识，因此这些考试内容最多只能测试出学生的记忆能力，而很难了解学生真正的运用能力。如果我们在试题中适当增加课本之外的内容，学生必然感觉困难并发表反对意见，因为这超出了他们的学习范围。

要解决考试内容过于狭隘的问题，真正实现“测试学生阅读与运用一般文言文史料的能力”的考核目标，就必须改革我们的教学内容，不再拘泥于教材内容，在平时的教学过程中就应采取多渠道、多形式的教学，使学生有更多机会去接触、阅读古籍，那么学生因为平时经过练习，有较强阅读古籍的能力，在考试时对增入课本以外的部分知识就不会感觉困难。同时由于考试要涉及一定的课外知识，也促使学生不得不去阅读有关的史籍原著，要阅读原著就得借助于工具书，因而也就相应的增强了其动手运用的能力。

在考核内容的改革方面，北京师范大学有着成功的经验，除了正常的课程考核外，该校历史专业特设了“古汉语过关考试”，不过关者不能授予学士学位，“过关考试题则以从未讲过的篇章为主，完全是水平测试，其难度远远超过历届试题”。①有这样的考试要求，学生为了过关，平时自然会积极主动地阅读古籍，而考试内容都在教材之外，学生事前没法进行针对性复习，考试的结果当然能客观反映其阅读与运用文言文史料的真实能力了。北京师范大学的经验值得推广应用。

通过以上的论述，我想考核内容如何改革才能更好地实现“测试学生阅读与运用文言文史料的能力”这个目标？应该有一个明晰的答案了：即多选取教材以外的文言文史料，以断句标点、翻译、史料解读、字词解释等题型，对学生进行古代文献解读水平、运用能力的测试，教师再制定一个合理的、科学的评分标准，对学生的答卷进行评判。坚持这样的考核办法，严格要求学生，我们的考核内容改革就能比从前更适合于测试学生阅读与运用文言文史料的能力。

---

① 汝企和：《推动历史文选教学改革不断深化的探索》，载《北京师范大学学报》，2001（1）。

三、中国历史文选课程考核办法应该采取多种形式，注重考核的实效

以往中国历史文选课程的考试，总是在期末时以一份试卷的方式来实现。从形式上来看，显得十分单调，而考核的效果也未必很好。学生为了应付考试，在考前一周狂背书，大都能顺利过关。通过考试之后，其阅读与运用文言文史料的能力并未见得就提高了。这就要求我们反思目前该课程的考核办法是否很有效？是否有利于测试学生阅读与运用文言文史料的能力？

其实，中国历史文选课程考核的办法，也可以是多样的。从方式上看，口答式、笔答式可以混合使用，口试时将试题做成签，由学生抽取，教师对学生进行面试，这种方式虽耗费教师不少时间，但出题范围广，学生抽取题目的不可预知性大，能促进他们拓展复习的范围，掌握更多的历史要籍和古汉语知识，达到提高其阅读与运用文言文史料能力的目的。笔答式自然还采取原来的做法。从时间上看，期中、期末、毕业前都可以安排不同等级的考核。期中可以称为测验，不定期进行，所得成绩即为平时成绩，期末应举行课程考试，毕业前可以仿效北京师范大学进行“古汉语过关考试”，通过这一系列考试，促使学生时常复习相关知识，才不至于让他们对该课程“一考定学分，从此不相见”。从出题方式上看，也不必局限于教师出题，有时也可让学生们自己出考试题，相互间交换试卷进行考试。学生们因为要出一份考题去考别人，自然会认真钻研教材。同时又因为要回答别人的问题，当然就更得要认真复习，为此自然要翻阅不少课本以外的资料。这些因素不仅客观上促进了

学生学习的主动性，而且对学生的学习能力也是一种有益的锻炼。此外，如果我们能不受闭卷考试这种刻板形式的束缚，还可以考虑组织学生标点、翻译一些史籍名著，这也是一种很好的考核方式，学生为了标点、翻译好名著，就会参阅大量注本，会使用各种字典词典，会努力提高其文字表达能力。教师对学生的点校工作及时指导，指出其不足，为他们提供解决问题的渠道，这也会使学生们点校古籍的能力获得很大的提升。如果学生们真能标点、翻译出一部或几部有价值的史著，这当然会使他们很有成就感的。

总之，我认为中国历史文选课程的考试办法也可以是多种多样的，围绕着提高学生阅读与运用文言文史料能力这一目的，各种手段都是值得我们去尝试的。

综上所述，我们强调中国历史文选课程的考核改革势在必行，这是提高其教学效果的一个重要因素。而考核改革的方向，是统一考核要求，扩充考核内容的范围，丰富考核的办法，这三者并举。考核方面的改革，是促使该课程教学改革走向深入的必然趋势，也是实现教学大纲预设的“提高学生阅读与运用文言文史料的能力”教学目的的有力手段。

关于建立古汉语过关考试题库的探索与思考

北京师范大学　汝企和

一、建立题库的缘起

古汉语过关考试题库是针对古汉语过关考试设立的，而过关考试则是为了提高学生的古汉语水平而创设的。

对历史学专业的大学生来讲，只有很好掌握了古汉语，才可能真正理解中国历史，才可能真正读懂浩如烟海的古汉语历史资料，并在此基础上进行历史研究。若不能很好掌握古汉语，就不可能真正继承发扬我国灿烂的传统文化。因此古汉语是大专院校历史专业里最为重要的基础课之一。

为了提高学生的古汉语水平，我们在全国首创古汉语过关考试。各院校迄今为止只有英语设过关考试，对历史专业至关重要的古汉语却未设。我们首次在大学三年级中期安排古汉语过关考试，不能通过者则不授予学士学位，因此其意义远胜于一般考试。在 1998 年、2002 年、2005 年、2009 年的全国性历史文选教学研讨会上，与会者均对过关考试极感兴趣，他们说：

“这项措施第一次将历史文选课的地位提到与英语一样的高度，可以大大提高各校的系领导和学生对这门课的重视程度，是一项有利教学的重大措施，应尽快向全国推广。”这些话进一步表明了古汉语过关考试的重大意义。

1999年北师大历史系曾专门召开了“历史文选过关考试专家研讨会”，专家们对如何建立检测题库，以及对本课程各方面改革提出许多珍贵意见，这些意见已对考试的建立与完善起到重大推动作用。自1998年至今，我们已成功组织了11次过关考试，每次考完都要求教师写出“考试分析”，及时总结出题方面的得失。专家的意见与十余年的实践经验为我们最终建立起一套科学、完整的古汉语过关考试题库铺平了道路。

为进一步规范古汉语过关考试，十分有必要建立古汉语检测题库。2007年年底，笔者以“古汉语检测题库研究”为题，申请到了北京师范大学教学建设与改革项目，从那时起，我们开始正式研究与创建古汉语检测题库，现在题库已经初具规模。

我们所建立的古汉语检测题库在全国有广泛的应用性——它不但可供各地的历史专业使用，而且可供众多相关学科（如中文系、教育系、哲学系等）的古汉语水平检测参照。

二、设计时的题库内容

当时我们对题库是这样设计的：题库分为如下五个部分：

第一，繁体字题库。即运用文字学的方法与手段，以每个字的部首为依据，从繁体字中选择出一千个最具代表性的字，按照其部首合理搭配成为100套繁体字题库（每套10个字）。

第二，古汉语字词题库。运用文字学、音韵学、训诂学的方法与手段，对 1 000 余个古汉语常用字词进行深入分析，在此基础上进行合理搭配与编组，最终形成100套解释古汉语字词的题目（每套 10 个题目）。

第三，建立加标点符号部分的篇章题库。首先运用目录学方法，依照著作的不同体裁，从历代名著中选定数十部难易程度适合的著作；然后运用古汉语语法、字词等方面的知识，从中精心选择出约三百篇短文或长文的段落；最后在此基础上，依照其体裁、成书年代与难易程度进行合理搭配与编组，最终形成 100 套用于加标点符号的篇章题库（每套 2～3 题）；

第四，翻译部分的篇章题库。方法同上述“二”中的方法，但困难程度必须适当降低；每套 2 题左右。

第五，文字学、音韵学、训诂学常识题库：按照课堂上讲授的相关内容，编制出数十道常识题，然后适当组合成为 100 套题库（每套 2～3 题）。

预期结果为一套科学、完整的电子版古汉语检测题库，其内容即上述五个部分——这些内容可以形成若干套古汉语检测的试卷。

上述是笔者在申报北京师范大学教学建设与改革项目时设计的题库内容。当时觉得这些已经相当完善了，却未曾想到在题库的创制过程中，我们又得到了一些重要的启示，从而进行了若干重大改进。

三、题库创制过程中发现的问题与启示

在创设题库的实践中，我们发现的最大问题就是原来设计的在题库中分组、然后抽取这些组中的若干组来形成一套一套

的考试题，这种做法是极为不合理的。原因十分简单：如果在题库中不分组，随意抽取若干题目来形成考试题，那样按照排列组合的法则，能够形成的不同考试题的数量要远远大于原来的设计！

以繁体字题库为例：我们共选取了 1 000 余繁体字，如果分组，只能分为一百余组；而不分组地随意抽取，就可形成几百乃至几千套题目！因此现在创制的题库就是未经分组的。

在繁体字题库的创制过程中，笔者获得了一个重大启示，即必须增加改写异体字为规范字的内容。

申报项目时，由于笔者对异体字重视不够，未能列入此项内容。但在阅读原始材料时，异体字的出现频率是相当高的——换言之，在阅读古汉语材料时，辨识异体字的作用绝不亚于辨识繁体字——这点笔者在教学中就深有体会：当我在课堂上写出下列异体字与规范字时，学生们显得十分惊诧：盃、杯；菑、灾；牀、床；覩、睹；氾、泛；邨、村；竝、並、并；呌、叫；仝、同；襍、杂；疋、匹；麤、粗；甦、苏；堃、坤；畧、略；淼、渺；彛、膻；喆、哲；薑、姜；彊、强——他们完全想象不到这些经常见面的规范字竟然有形体如此怪诞的异体字；惊诧的同时，这些异体字也给他们留下深刻印象，并提高了他们对异体字的重视程度，同时还增加了他们对这门课的兴趣！正因为如此，笔者在繁体字题库中加入了不少常见的异体字。

而在篇章题库的创制过程中，笔者又获得了一个重大启示——加标点符号的题库与翻译题库的篇章之和有五百之多，这些篇章在选取的书籍、篇章内容和难易程度上都经过我们的精心筛选，因此将这些篇章上传于网络、公之于学生，就可以成为他们最好的课外读物；而作为考试题库公布，学生对其重视程度显然要远远高于一般的作业——如此一来，这套题库不但在检测时，而且在学生的学习过程中同样可以发挥很大的作用。这确实是当初笔者申报题库项目时所未曾设想的，可称为意外收获吧！

基于上述启示，我们在创制篇章题库时规定了以下原则：

1. 以课外读物的要求来考虑如何制定篇章题库——主要是要求可读性强，还要兼顾趣味性。

2. 覆盖面应当比较宽——即经史子集兼收，但不收诗词歌赋、戏剧之类的纯文学作品。

3. 一律使用繁体字。

4. 难度大的作为加标点符号的篇章；难度比较小的作为翻译的篇章。

5. 注明规范的出处。

6. 篇章字数大于或等于 300（如果使用时觉得过长，则可以压缩）。

7. 选《左传》时，尽量避开中学生比较熟悉的《古文观止》中的选篇。

8. 仅选 1911 年以前的作品。

篇章的选定确实是一项十分艰难复杂的工作，在此仅就上述第二点略加说明——覆盖面宽的目的，就是要开拓学生的历史视野，使他们认识到：传统的图书分类法中的经史子集各个部类的内容，都可能成为历史研究的材料；从而进一步引导学生广泛阅读各种体裁的史料。

基于上述考虑，我们选取的篇章涵盖了经史子集四部。在经部书中，十三经我们选取了八种，未选的五种理由如下：《尚书》过于古奥，可读性不强，且对后世汉语的影响远不及

《左传》《史记》诸书；《诗经》中确实有不少史料，但毕竟主要是诗歌；《尔雅》属辞典性质，所以不选。三礼与历史研究的关系相对较远，故仅选其中一种。

史部书中，除二十五史外，我们还选取了若干编年体史书、地理书、史评体史书、典志体史书、杂史等。史书体例繁多，《四库全书》中，史部下又分为十五部类，我们的题库中不可能面面俱到，故此只选取了几个部分。

子部最为繁杂，我们选取的是我们认为与历史研究较为密切的部类。其中选用佛道典籍则是基于如下考虑："佛教自东汉传入华夏大地，近两千年来对中国社会产生了极为深刻的影响，从最高统治者到庶民百姓，或多或少都要受到其直接、间接的种种影响（笔者认为：对反宗教者来讲，宗教同样对他们产生了很大影响，只是影响的性质不同而已）。道教是中国土生土长的宗教，中国古代统治思想、伦理学、乃至养生学等，无不带有其印记，历史上以道教为旗号的大规模农民起义也为人所共知。人们常以儒、释、道三者并举，就说明在中国历史上，这三者皆起过不容忽视的重大作用。因此要想真正理解中国社会的发展变化，亦须对释、道有所了解。"

我们还选取了几种著名的类书——类书是历史研究资料的渊薮，其价值日益受到学者们的重视——这也正是我们选取的原因。而迄今为止最大的类书《古今图书集成》，因为其中引用的材料出处现在大都能够看到，所以未选。

笔记对于历史研究的价值早已得到史学界的公认，所以我们选取了较多的笔记。

集部书是让我们颇费思索的难点——它卷帙浩繁，其中不乏许多珍贵史料，但如果广泛选取，其数量可能要超过以上三部的总和——这显然与历史文选课的要求是不符合的。考虑再三，我们只是象征性地选取了少数几种，目的在于让学生了解到：集部书同样蕴涵着历史研究的宝贵材料，以便他们在日后的研究中重视和运用集部书。

这两部分的篇章选定后，则可以考虑作为古汉语文选单独发行——这些篇章不但为学生提供了丰富的课外读物，而且可以引导他们以此为索引，按图索骥地阅读更多的原始文献。

上述这些考虑很可能存在问题或缺陷，我们的选篇可能没有达到我们预期的目的，因此诚望全国同行们对此提出宝贵的意见，以使过关考试题库日趋完善。

这些题库在制作过程中就已经投入使用，如繁体字题库已多次用于本科生的期末考试和过关考试，篇章题库诞生稍晚，也已经用于各种考试——这些实践表明：题库总体上是适合于本科生的各种考试的；它们使考试题目更具科学性和相对稳定性。待公布之后，它们更可以成为学生的最佳课外读物。

综上所述，笔者深感古汉语检测题库的创制过程，也是自己学习与提高的过程——古汉语程度的提高是没有止境的，检测题库同样需要与时俱进、不断完善，这正是我们今后努力的方向。

还有一点必须说明的是，在 2002 年全国“中国历史文选教学改革研讨会”上，有同行提出：千万不要使古汉语过关考试题库成为又一个类似高考的指挥棒，从而限制了同行们在教学过程中的创造力。我们完全同意这个观点，我们创制古汉语过关考试题库的目的，仅欲为全国同行们在出考试题时提供一个参考，而绝非让过关考试成为又一次高考。

笔者一贯认为：大学的教学应当“百花齐放”，即在保证完成基本教学任务的基础上，每位教师都应当依据自己丰富的学识，在教学中形成自己的特色。这样在出考试题时，自然也可以不拘一格。因此，我们的考试题库绝不应成为教师出考试题乃至教学的羁绊，而应当成为同行们的好助手。

附：新中国成立以来出版的中国历史文选教材概况

北京师范大学　汝企和　贾　浩

这次大会研讨过程中和学者的论文中，许多先生都提及新中国成立以来出版的《中国历史文选》教材的数量，但说法很不统一。为此我与我的研究生进行了较为详细的查找，共找到教材63种，特将查找结果公布于此，供同仁们参考。

我们的查找很可能仍然是不完整的，因此诚恳希望了解到有关线索的先生通知我们，以便使这一查找结果更为完善。此外，还有不少教材我们尚未见到，因此无法描述其概况，如果有先生向我们提供相关情况，我们也将由衷感谢！

谈及中国历史文选这门课的创立，就必须追溯到新中国成立以前，它“是陈援庵老师的首创，陈老师二十年代初……就在北大第一次设了一个课，名‘史学名著选读’”，后来他又“设置了另一个课‘史学名著评论’”，“这两个课都是必修课”。这两门课陈老讲授多年，“早年他的学生中，有很多都认为这两个课对他们后来的研究有很大好处”。

新中国成立后，“高等师范教育会议讨论课程设置时”，“肯定了这两门课作为历史系的必修课，改名‘历史文选’和

'历史要籍介绍'，根据师资情况不同，有的学校力量不够，可把这两门课合起来叫'中国历史要籍介绍及选读'"。——正因为如此，本文查考的教材名称不但有《中国历史文选》，而且也有《中国历史要籍介绍及选读》等。《历史文选》课自新中国成立之初就已在一些院校开设，有些任课教师就是陈老的学生，如北京师范大学历史系的柴德赓先生和刘乃和先生都讲授过这两门课，后刘先生偏重于《历史文选》，并在陈老教材的基础上，编写了自己的文选教材；柴先生则侧重于《要籍介绍》，若干年后他出版的《史籍举要》，即在陈老讲稿的基础上增补而成①。

现一般论及新中国成立以来《中国历史文选》教材者，大都自周予同本始，至多再加上郝建梁本。然据我们查找，周本前至少还有 11 种教材，本文皆列于下，以求尽可能完备。

为叙述方便，本文将以往教材按其出版时间先后编了序号。

1. 刘乃和编：《中国历史文选》，北京师范大学历史系，1950 年油印本，16 开，一册。

(1) 教学目的［以下略作（一）］：本书无前言。

(2) 选文的编排方法［以下略作（二）］：按时间顺序排列。

(3) 辅助内容［以下略作（三）］：无。且选篇无注释。

(这是笔者所见到的新中国成立以后最早的《历史文选》教材。刘乃和先生对《历史文选》事业的贡献，也是我们应当

① 陈垣先生于 1955 年为《中国佛教史籍概论》所写《后记》中说："此稿为余十数年前讲课旧稿，继《史学要籍解题》之后辄讲授此课，以介绍同学研究历史时如何掌握及运用有关材料。"其中所言"《史学要籍解题》"，即历史要籍介绍。

铭记的）

2. 华钟彦编：《中国历史文选》，东北师大教务处，1953年版。

（1）本书无前言。

（2）按时间顺序排列。

（3）无辅助内容。

（此教材虽无辅助内容，甚至连前言都没有，但其选文范围之广阔，仍给笔者留下深刻印象。如上古有盂鼎、虢季子白盘、诅楚文等，宋元有诗词选录、元曲小令选录，明清有《桃花扇》片段、八股文举例等。这些选文纳入《历史文选》是优是劣姑且不论，但从中至少可看出，该书编者眼界颇为开阔。作为新中国成立之初的早期之作，实为难能可贵。）

3. 胡允恭、刘毓璜编：《中国历史文选》，南京大学中国史教研室油印，1953年版。

（南京大学图书馆、湖南师范大学图书馆等收藏有此教材，笔者尚未见到原书）

4. 谷霁光编：《中国历史文选》（初稿），江西师范学院历史科，1953年版。

（广西师范大学图书馆、苏州大学图书馆、郑州大学图书馆等收藏有此教材，笔者尚未见到原书）

5. 郝建梁、班书阁编：《中国历史要籍介绍及选读》，高等教育出版社，1957年版。

（1）本书《前言》未论及。

（2）《前言》："要籍编排，原则上以著述时代先后为顺序，但有时也'连类并举'，如《后汉书》列在《三国志》前，三通集中起来讲之类。"

（3）选篇无注释；后附几种工具书之简介。

6. 姚震寰、钱卓英等编：《中国历史要籍及选读》（6），上海第一师范学院交流教材，1957 年油印本，16 开，上、下两册。

（1）书前《绪论》："……以培养学生对于中国历史要籍具有基本知识以及阅读古书能力，并为独立工作、科学研究打下基础。"

（2）按照"时代先后的顺序"（但选的书相当少）。

（3）选文与选文之间有些参考资料，如："参考资料一：二十五史修撰表"；"二：尚书今古文之分"等。

7. 周光午编：《中国历史文选》（合订本），武汉大学讲义，1957 年版，上、下两册。

（吉林大学图书馆收藏有此教材，笔者尚未见到原书）

8. 孙昌荫编：《中国历史要籍介绍及选读》，东北师大出版社，1958 年 1 月版，两册。

（1）本书《例言》未言及。

（2）《例言》："本讲义共分三编：第一编，先秦；第二编，秦汉魏晋南北朝；第三编，隋唐至明清。"显然为按时间顺序编排。然其中也考虑到文体，如第一编内又分记事史、编年史、国别史、地理与传记、思想学术等凡十二章。

（3）有简单的工具书介绍。

9. 华南师院编：《中国历史要籍介绍及选读》，编者自刊，1958年，油印本。

（1）因笔者仅见该书之第二册，故不详其有无前言。

（2）按时间顺序。

（3）除要籍介绍外，无其他辅助内容。

10. 中山大学编：《中国历史文选195×—195×学年度》，中山大学讲义，195×年。

（中山大学图书馆、湖南师范大学图书馆等收藏有此教材，笔者尚未见到原书）

11. 曾纪经编：《中国历史文选》，中山大学讲义，出版年代不详。

（中山大学图书馆收藏有此教材，笔者尚未见到原书）

12. 周予同编：《中国历史文选》，中华书局出版，上册，1961年10月；下册，1962年12月。

（1）该书一版仅有编辑说明，无前言。其三版前言（1978年8月）曰："它的主要目的，在于通过各种典型的历史作品，培养学生阅读并运用一般文言文史料的能力，也向学生介绍一点有关中国史料学和中国史学发展概况的常识。"

（2）按时间顺序。

（3）第一版除要籍"解题"外，无其他辅助内容。

（此种教材后再版多次，影响甚广）

13. 四川师范学院中文系古典文学教研组注：《中国历史文

选》，人民文学出版社出版，上册，1961 年；下册，1980 年。

（笔者尚未见到原书）

14. 陈庆中编：《中国历史文选讲授提纲》，武汉大学出版社，1965 年版，两册。

（武汉大学图书馆收藏有此教材，笔者尚未见到原书）

15. 南开大学中文系《中国历史文选》编选组编：《中国历史文选试用教材》，天津市中小学教材编写组，1972 年版。

（笔者尚未见到原书）

16. 武汉大学历史系中国史教研室编：《中国历史文选》（两册），武汉大学历史系中国史教研室，1975 年版。

（广西师范大学图书馆收藏有此教材，笔者尚未见到原书）

17. 华中师院历史系中国古代史组编：《中国历史文选》（上册），华中师院，1975 年版。

（西北民族大学图书馆收藏有此教材，笔者尚未见到原书）

18. 中山大学历史系中国古代史教研室中国历史文选教学小组编：《中国历史文选》（上册），中山大学，1977 年版。

（西北民族大学图书馆收藏有此教材，笔者尚未见到原书）

19. 哈尔滨师范学院历史系编：《中国历史文选》，哈尔滨师范学院历史系，1978 年版，上、下两册。

（哈尔滨师范大学图书馆收藏有此教材，笔者尚未见到原书）

20. 广西师范学院史地系中国历史文选教学小组编：《中国历史文选》（上册），广西师范学院史地系，1978年版。

（广西师范大学图书馆收藏有此教材，笔者尚未见到原书）

21. 武汉师范学院历史系中国古代史教研室编：《中国历史文选》，武汉师范学院历史系中国古代及中世纪史教研组，1979年、1980年，上、中册。

（湖北大学图书馆收藏有此教材，笔者尚未见到原书）

22. 辽宁师范学院政史系编：《中国历史文选》，辽宁师范学院政史系，1979年版。

（笔者尚未见到原书）

23. 浙江师范学院政史系编：《中国历史文选》，浙江师范学院政史系编印，1979年版。

（笔者尚未见到原书）

24. 湖南师范学院中文系古典文学教研室编：《中国历史文选》（上册），湖南人民出版社，1979年版。

（中南大学图书馆藏有此教材，笔者尚未见到原书）

25. 北京大学历史系编：《中国历史文选》（上册），北京大学历史系，1980年版。

（1）本书无前言。

（2）分为五单元，第一单元：《尚书》《诗经》；第二单元：《左传》；第三单元：《国语》《战国策》；第四单元：《礼记》

《墨子》《荀子》《韩非子》；第五单元：《史记》。

（3）每单元后有“古汉语基础知识”和“常用词选例”，书后附有“标点练习”和“常用文史工具书简介”。

26. 暨南大学历史系中国古代史教研组编：《中国历史文选》，暨南大学出版社，1980年版。分上册甲编、上册乙编、下册甲编、下册乙编四册。

（暨南大学图书馆收藏有此教材，笔者尚未见到原书）

27. 孙绍华编：《中国历史文选》，出版地不详，1980年版。

（厦门大学图书馆收藏有此教材，笔者尚未见到原书）

28. 高振铎等编：《中国历史要籍介绍及选读》，黑龙江人民出版社，1982年版。

（1）本书《前言》：“为了提高学生阅读和运用史籍的能力，造就符合规格的历史工作者。”

（2）全书按时间顺序分六部分：先秦，秦汉……明清。

（3）“要籍介绍”；附录：古汉语常识；读史知识；常用工具书介绍；作业。

29. 王德元等编：《中国历史文选》，山东教育出版社，1984年版。

（1）书前《说明》：“主要目的是配合高校历史系中国古代史的教学，选择有代表性的原始资料，用以提高学生阅读古代史籍的能力，充实专业知识。”

（2）“全书按历史顺序分为三册。”

(3) 无其他辅助内容。

30. 王雅轩：《古代汉语》，辽宁人民出版社，1985年版。

(1) 书前《说明》与《绪论》未论及。(但有编写此教材的目的："为适应大学文科，尤其是历史、考古、图书、档案、文博、文秘等有关专业的各种形式的学习需要，我们特编此书。")

(2) 按时间顺序。

(3) 附"古代汉语基础"和"古代文化常识"。另附一册选篇的白话译文。

31. 北京师范大学编：《中国古代历史文选》，北京师范大学出版社，1986年版。

(1) 书前之白寿彝先生序："编选的目的不是别的，就是要提高读者的古书阅读能力。"

(2) 按时间顺序。

(3) 有旧注选篇和白文选篇。

32. 贺卓君：《中国历史文选》，华东师大出版社，1987年版。

(1) 本书《前言》："根据教育部的规定，本课程的教学目的是：'使学生对于历史要籍具有基本的认识和阅读的能力，为其理解、运用中国史料奠定基础。"

(2) "按古籍的性质和内容分类"，"按群经、诸子、春秋战国时期的史书、全史型的正史、详记政事史的通鉴、便于阅览的纪事本末、杂记、史学评论、典志体史书、地理、科技、读书笔记、诗文集、目录与提要分为十四类"。

（3）要籍介绍。2. 附“研究中国历史的主要工具书介绍”。附若干无标点的阅读材料。

（这是笔者见到的第一种主要以典籍体裁分类、而不是按时间顺序排列选文的教材）

33. 宋衍申：《中国历史要籍介绍及选读》，东北师大出版社，1987 年版。

（1）本书《前言》：“它（指本课）担负着提高学生阅读和运用古文献能力的任务。”

（2）按史籍顺序，标明“先秦时期”、“秦汉时期”等六个时期。

（3）有要籍“概说”和“介绍”。

34. 张大可：《中国历史文选》，甘肃教育出版社，1987 年版。

（1）书前《题记》：“其目的是培养学生初具阅读和使用我国古代文献典籍的能力，为进一步学习和研究奠定一定基础。”

（2）“按文体类别贯通古今的条式单元制”，分十四个单元：1—9. 史书，10. 民族文献，11. 甲骨文、金文等，12. 经书，13. 子书，14. 文集。

（3）典籍概述；通论；练习文选；另附《导读》一册。

35. 赵淡元：《中国历史要籍介绍及选读》，高等教育出版社，1988 年版。

（1）本书《前言》：“本书的任务，是要系统地给培训对象以中国历史要籍方面的基础知识，使培训对象能系统地掌握中国历史要籍发生、发展的基本情况，并具有阅读一般古代史籍、运用马列主义观点分析文言史料的能力。”

（2）“全书按时间顺序”，“分四个历史时期”，同时也注意了各种史书体裁。

（3）有对史书体裁与要籍的介绍。

36. 北京师范大学编：《中国古代历史文选》，1989 年版（未标明出版社）。

（1）本书无前言。

（2）按时间顺序。

（3）无其他辅助内容。

37. 萧佩钦：《中国历史要籍介绍及选读》，广东高等教育出版社，1989 年版。

（1）本书《前言》未论及。

（2）按时期“分为六大单元”：先秦、秦汉……明清。

（3）概述；要籍介绍；工具书简介；每单元有作业。

38. 孙绍华：《中国历史文选》，延边大学出版社，1989 年版。

（1）本书《编后》：“为了培养学生阅读中国古代历史原著的能力，增强学生对历史原著的感性知识”。

（2）“按时代顺序排列。”

（3）每篇选文前有《题解》。

39. 张传玺：《中国历史文献简明教程》，北京大学出版社，1990 年版。

（1）本书《前言》：“其任务是……使学生初步掌握中国古代目录学基本知识，一般了解重要文献和具有文献价值的文物与考古资料的状况，培养提高学生阅读古文献的兴趣和能力，及检索、收集史料的方法，为进一步学习、研究中国历史和古代文献做必要的准备。”

（2）分六部分：1. 经部；2. 史部；3. 子部；4. 集部；5. 类书与丛书；6. 文物与考古。

（3）每部分的概述；书籍简介；各种史体的介绍；复习题；重要名词；练习。

40. 王有录：《中国历史要籍介绍及选读》，中州古籍出版社，1990 年版，上、下两册。

（1）本书《前言》未直接言明教学目的，但有：“……依据 1988 年国家教委……颁布的师范专科学校《历史专业教学大纲》”，“联合了……9 省近 30 所院校的教师共同编写”的。

（2）“按史籍内容、年代及体例粗分作六个单元。”

（3）上册全为要籍介绍；无其他辅助内容。

41. 刘重来：《中国历史要籍介绍及选读》，西南师大出版社，1991 年版。

（1）本书《前言》：“其目的是培养学生阅读和运用文言文历史文献的能力，并初步掌握我国史学发展的概貌。”

（2）“全书按历史顺序，以中国古代史学发展为纲，分先秦……明清五个时期。”

（3）五个时期的史学概述；各书介绍；“并适当地添加了一些文言语法、文字、词汇、音韵方面的知识”；“还选录了白话文和古注共十六篇。”

42. 张家璠：《中国历史文选》，广西师大出版社，1991 年版。

（1）本书《前言》：“其教学的主要目的，在于培养学生阅读和运用文言文史料的能力，为其进一步学习和研究历史奠定坚实的基础。”

（2）“选文酌情归类并按时间顺序分单元加以编排”，分十四个单元。

（3）单元概述；旧注、白话文若干；史料分析举例；思考与练习；附一本《学习参考资料》，为古汉语常识、古文化常识和工具书简介。

43. 温友言：《中国历史文选》，西北大学出版社，1991年版。（西北大学图书馆收藏有此教材，笔者尚未见到原书）

44. 阙勋吾：《中国历史文选》，高等教育出版社，1993年版。

（1）本书《前言》：“目的是提高学生阅读古文和用古文所写的史料的能力……使学生能借助工具书阅读没有今人注释和标点的如《资治通鉴》一类的作品。”

（2）“按时代顺序分八个单元排列。”

（3）各书介绍；通论，包括古文化常识、古汉语常识、工具书简介等；常用词释例。

45. 郑铁钜：《中国历史文选》，民族学院出版社，1993年版。

（1）本书《前言》：“其目的是提高学生阅读历史文献的能力，充实专业基本功。”“着重突出民族特色。”

（2）“全书以历史文献体裁为纲、以体裁产生的先后为序，分门别类，设十一个单元。”

（3）典籍概述；古汉语通论；读史常识；练习文选。

46. 张明堂、董兴林：《中国历史要籍介绍及选读》，大连

海事大学出版社，1994年版。（高等师专教材）

（1）本书前言是对中国史籍发展史的简要介绍。

（2）按时间顺序分为先秦、秦汉、魏晋南北朝、隋唐五代、宋元、明清六编。

（3）每编前有史籍介绍，选文前有该书介绍，每篇课文均注明所选的版本。

47. 张衍田：《中国历史文选》，北京大学出版社，1996年版。

（1）书前《自序》："《中国历史文选》作为语言课，教学目的是单一的，即集中力量培养和提高学生阅读古代历史文献的能力。"

（2）"文选部分，采取考古、经、史（史部中又分为纪传体、编年体、纪事本末体、杂史、学案、政书、地理、史评八个部分）、子、集五部分编的编纂方法。""部内文献，按时间先后的顺序编排。"

（3）"每部之前，有部称提要"；"每一文献之前，有这一文献的简介文字"；另附《古汉语字词语法知识》一册。

48. 吕志毅等编：《中国历史要籍介绍与选读》，河北大学出版社，1996年版。

（1）本书《前言》："这门课……对于培养学生阅读并运用一般文言文史料的能力是大有益处的。史籍介绍部分旨在向学生介绍一些有关中国史料学和中国史学发展概况的基本知识。"

（2）"基本上是按史书体裁、类别编写的。""全书共分为八章"，1. 先秦典籍；2. 编年体史籍；3. 纪传体史籍；4. 纪事本末体史籍；5. 典制体史籍；6. 史评与史论；7. 学术史；8. 方志和地理。

（3）“史籍介绍”，包括对各种史书体裁和各要籍的介绍。

49. 管敏义主编：《中国历史要籍介绍及选读》，华东师范大学出版社，1997年版。（高等师专教材）

（1）《前言》：“设置本课程的目的是使学生掌握检索、阅读和运用历史文献资料的基础知识和基本技能，了解中国古代灿烂的文化，增强民族自信心、自尊心和自豪感，并训练学生运用史料进行初中历史教学的基本技能。”

（2）分为四单元，按时间顺序排列。

（3）每课有练习，每单元有相关知识附表。书后附有：古汉语常识；史料与史料的整理研究；读史知识；常用词释例。

50. 徐流主编：《新编中国历史文选教程》，西南师范大学出版社，1998年版。

（1）《前言》：“构建科学而完备的教材体系……在简明的理论指导下，切实教会学生一门工具，学到一门方法，因此，应以文献的具体阅读分析为主。”

（2）选文分成“史书阅读”和“史注阅读”两大类，前者只有编者注释，后者在保留旧注的基础上再加编者注释。各大类内选文按时间顺序排列。

（3）有“要籍介绍”和“通论”。

51. 汪受宽、高伟主编：《中国历史文选》（上、下两册），甘肃文化出版社，1998年版。

（1）《前言》：“对学生进行中国古代历史文献的教育，从而培养和提高其阅读与使用文言文历史文献的能力，为其进一步从事中国历史的学习和研究奠定基础。”

（2）选文按古籍体例编排。

（3）书后附有“读史基础知识”和练习文选。

52. 张大可主编，郑之洪、徐景重副主编：《中国历史文选》（上、下两册），另有一册由郑之洪任主编的《中国历史文选导读》，均为陕西人民出版社于 1998 年 8 月出版。

（在 1987 年版基础上改写）

53. 刘乃和主编、汝企和副主编：《中国历史文选》（上、中、下三册），北京图书馆出版社，1999 年版。

（1）《前言》：“这门课是历史系的语言工具课。”

（2）课程分为“文字学常识”、“文字学选篇”、“新注选篇·经部”、“新注选篇·史部”、“新注选篇·子部”和“新注选篇·集部”六部分。

（3）书后附有“古文献常识”、“白话文选篇”和“实习系列”。

54. 王育济、周作明主编：《中国历史文选》（上、下两册），福建人民出版社，2001 年版。

（1）本书《编写说明》：“《中国历史文选》是与教育部颁行的大学文科教材《中国古代史》配套使用的历史文选教材。在课文的编排上，又适当地兼顾了与中国近代史有关的若干内容。”

（2）按先秦、秦汉、魏晋南北朝、隋唐、五代辽宋金元、明清（含 1840 年之后）六个历史单元编排选文。

（3）每课后有练习题，每单元后有练习文选。书末附有《古汉语常用词释例》《常用文史工具书书目》（包括大量的断代史研究所必需的索引类书目）、《简化字、繁体字对照表》《常用今字、古字对举》《第一批异体字整理表》。

55. 杭州师范学院的教材，杭州大学出版社出版。

（笔者尚未见到原书）

56. 金少英选：《中国历史要籍选读》，西北师范学院历史系交流教材，出版年代不详。

（吉林大学图书馆收藏有此教材，笔者尚未见到原书）

57. 陈一梅主编：《中国历史文选》，西北大学出版社，2005年版。

（1）本书无前言。

（2）分五个单元，内容有：经部文献、史部文献、子部文献、集部文献、出土文献。

（3）书后附有白话文练习。

58. 周国林主编：《中国历史文选》，中华书局，2006年版。

（1）《前言》："我们认为，历史文选课顾名思义，主要就是'中国历史文选'方面的教学，要以文章选读为主，其他内容为辅。要让学生多读一些历史上的重要文章，接触一定数量的原始资料，增加对历史文献的感性认识，了解古代历史的丰富多彩，了解古代历史的丰富多彩和传统文化的精致深邃。若干精选的文献名篇，还会有助于学生拓展视野，开拓胸襟，逐渐确立起厚实的历史观，进取的人生观。这是其他课程所不能代替的。"

（2）选文按时间顺序编排。

（3）本书无附录。

59. 王育济、周作明主编：《中国历史文选（上下册）》，福建人民出版社，2007年版。

此教材在2001年版基础上作了如下修订：

（1）依据权威古籍底本对所有选文予以复核；

（2）对错误或不恰当的释文进行修改；

（3）对附录部分加以调整。

60. 何晋主编：《新编中国历史文选》，北京大学出版社，2007年版。

（1）《自序》："在于让本系同学通过一年的阅读和学习后，能够获得充分的阅读中国古代各类历史文献的实际经验，提高阅读中国古籍的能力，并熟悉古书体例，掌握最基础的文献知识，为进一步阅读和利用古代文献史料打下坚实的语言和文献基础。"

（2）选文分为"考古文献"、"经部文献"、"史部文献"、"子部文献"和"集部文献"五部分。

（3）书中穿插有二十七个有关历史文献常识的附表，书后附有《简化字总表》。

61. 张大可、邓瑞全主编：《中国历史文选（上下册）》，商务印书馆，2007年版。

（1）《前言》："培养学生阅读和使用我国古代文献典籍的能力。"

（2）选文按体例分为序篇；纪传体；编年体（附纲目体）；纪事本末体；典志政书体、诏令奏议；别史、杂史；地理、方志；史论、史评、史考；传记、笔记；经书；子书；诗文集；民族文献；考古文献选读十三个单元。

（3）各单元后有练习文选和介绍古汉语基础知识的“通论”。

62. 汝企和主编：《中国历史文选（上下册）》，北京师范大学出版社，2008年版。

此教材在1999年版基础上作了如下修订：将近年来的科研成果转化为新教材的内容；将原书的三册缩编为两册，使之更为精练和更适于推广；纠正原书印刷中的错字与标点，从而进一步确保教材的高质量。

以上就是我们初步查找的结果——新中国成立以来《历史文选》教材已经达到60余部，这个数字确实是我们始料未及的！它从一个侧面反映出历史文选学界同仁们60年来辛勤耕耘的累累硕果。

此外，21世纪以来出版的新教材，可谓是各有特色，这些特色的优劣不是我们在此需要评论的，我们关注的是：它们生动勾画出同仁们在教材编纂方面孜孜不倦的求索——无论是在编纂教材的整体指导思想、编排体裁，还是在选篇内容、注释、附属内容等细节上，总之，在与教材有关的每一个方面，全国同行们都在与时俱进地积极探索，力求创新，最终达到提高本课程教学质量的目的。

我们坚信，今后会有更多的好教材问世！